SPASS
MIT FLAGGEN

KATAPULT

Dieses Buch ist auf Recyclingpapier gedruckt.

Die Buchproduktion zerstört Wälder. Im Vergleich zu Recyclingpapier verbraucht Frischfaserpapier etwa siebenmal mehr Holz. Recyclingpapier spart also 86 Prozent Holz ein. Fordert bitte auch andere Verlage auf, Recyclingpapier zu nutzen. Es gibt keinen Grund, es nicht zu tun.

Erste Auflage 2021

KATAPULT-Verlag Greifswald

Herausgeber: Benjamin Fredrich und Sebastian Wolter

www.katapult-verlag.de
verlag@katapult-verlag.de

Gesetzt aus der Frutiger LT und der Oswald
Druck und Bindung: optimal media GmbH, Deutschland

ISBN 978-3-948923-16-7

KATAPULT

Klimaneutral
Druckprodukt
ClimatePartner.com/12015-2011-1013

Elf Zacken

»Flaggen, dafür interessiert sich doch keiner«, mäkelt Jasemin, als ich vorschlage, ein Flaggenbuch zu machen. Was sie nicht weiß, auf Wikipedia gibt es eine Liste, die heißt »Flags with animals«. Wahnsinn, oder? Was es bei Wiki nicht alles gibt. Voll die Nerds da! Das wars aber noch nicht. Auf der Seite ist ein Link zu einer Unterkategorie, die »Flags with lions« heißt. Klick ich direkt drauf. Was n hier los, hier ist noch nicht Schluss. Noch mehr Unterkategorien: »Flags with lions facing forward«, »Flags with lions facing left«, »Flags with lions facing right« ... Mhh, gut, ich klick sicherheitshalber den ersten Link an: »Flags with lions by number« – alles klar, hatte ich erwartet: »Flags with one lion« und »Flags with groups of lions« steht da. Kann mich nicht entscheiden. Nehme den zweiten Link und kann mein Glück kaum fassen:
»Flags with two lions«
»Flags with three lions«
»Flags with four lions«
»Flags with six lions«
und selbstverständlich auch »Flags with lions facing each other«. Na Donnerwetter! Was ist denn da bei Wiki los? Das wird der schönste Tag meines Lebens!

Da lässt man die Leute einmal bei einer Enzyklopädie mitmachen und dann bauen sie wie wild Löwenseiten. Freude. Aber trotzdem, warum wusste ich vorher nichts davon?! Was mir bei meiner Profirecherche schnell klar wird: Es geht gar nicht so sehr um die Löwen. Die eigentlichen Stars strahlen noch viel heller, weiter, schöner, bezaubernder – voller Geschichten, Leid und Pathos, voller Kraft und Ästhetik: Die Flaggen. Ja, na gut, also zumindest haben die Wikileute einen Flaggenfetisch, im Detail, aber auch insgesamt. »Jasemin«, sag ich zu Jasemin, »vergiss das mit dem Pathos und der Ästhetik, aber das ist unser Thema, das ist heiß, das geht ab, lass uns das machen! Weißt du eigentlich, dass im Grundgesetz nur die Farben, aber nicht die Form der deutschen Flagge festgelegt sind?« »Ehrlich?«, fragt Jasemin. Im BGB steht das noch n bisschen genauer, aber wer interessiert sich schon fürs BGB, wenn man Flaggen und eine Verfassung hat, also sollten wir schnell ein paar neue Entwürfe für die deutsche Flagge erstellen. Diese drei unmotivierten Streifen sehen doch schon seit vierzig Jahren antik ohne Ende aus. Wir brauchen was Frisches. »Ja, okay«, sagt Jeremy von der Seite und malt schon ne gelbe Bratwurst auf schwarz-rotem Grund. Guter Typ. Genau das brauchen wir!

Sowas hat es übrigens auch schon in anderen Ländern gegeben. In Kanada haben sich die Politikerinnen und Politiker bei der Flaggenwahl nicht einigen können und deshalb ihre Bevölkerung um Ideen gebeten. Über 3.000 Entwürfe wurden 1964 eingereicht. Gewonnen hat die merkwürdige Flagge eines Historikers. Was war daran merkwürdig? Das rote Ahornblatt, das er auf die neue Flagge malte, existiert in der Natur überhaupt nicht. Es gibt nur Ahörner mit 23 Zacken, das kanadische Blatt hat aber nur elf. Das ist ja nicht mal die Hälfte! Als das auffiel, sagten viele Kanadierinnen, aber auch sehr viele Kanadier, wisst ihr was, ihr Spießer, das ist uns alles dermaßen egal. Wir nehmen jetzt dieses rote Ahornblatt mit ELF ZACKEN!, weil wir es schön finden. Wir lassen uns von niemandem sagen, dass dieses Elfer-Ahornblatt nicht existiert, denn jetzt, wo wir, das stolze kanadische Volk, dieses Ahornblatt auf die Flagge pinseln, existiert es doch wohl allemal! Beeindruckend. Find ich stark. Will ich auch. Also los. Uns hat zwar niemand dazu aufgerufen. Aber mit der Selbstüberzeugung Kanadas im Rücken rufen wir uns und euch an dieser Stelle dazu auf, eine neue deutsche, österreichische, Schweizer oder auch polnische Flagge zu basteln. Macht was ihr wollt, aber sendet uns eure Entwürfe an flaggen@katapult-magazin.de. Wir verlosen unter allen, die mitmachen, ein Buch über Wälder und wie man sie illegal pflanzt.

Benjamin Fredrich
mit Jasemin Uysal und Jeremy Connor

Zusammensetzung des britischen Union Jacks

Der Union Jack heißt offiziell Union Flag. Er repräsentiert das Vereinigte Königreich Großbritannien und Nordirland. Die Flagge ist eine Überlagerung aus der englischen, der schottischen und der damaligen irischen Flagge.

Schottland und England hatten ab 1603 denselben König. Ihre Schiffsflaggen mussten dadurch in der Folgezeit beide gehisst werden. Das Problem: Eine Flagge stand immer über der anderen und das bedeutet eigentlich, dass das Land der oberen Flagge das Land der unteren Flagge besiegt hat. Die Engländer hissten verständlicherweise ihre Flagge oben und die Schotten machten es andersherum.

Der schottische und englische König Jakob I. gab deshalb eine Flagge in Auftrag, die beide Seiten vereinte. Ergebnis: Die Schotten fanden, dass ihre Flagge in der Mischflagge zu wenig Beachtung bekomme. Von nun an hissten also beide Parteien ihre eigene Union Flag.

Erst 1801 wurde auch das rote Andreaskreuz der Mischflagge hinzugefügt, um Irland zu repräsentieren. Die walisische Flagge hat es nie in den Union Jack geschafft, weil Wales schon 1536 zu England gehörte. Hoffnung für die Waliser gibt es trotzdem: Die britische Kulturministerin Margaret Hodge schloss 2007 eine Neugestaltung des Union Jacks nicht aus.

44 %

ENGLAND

42 %

SCHOTTLAND

14 %

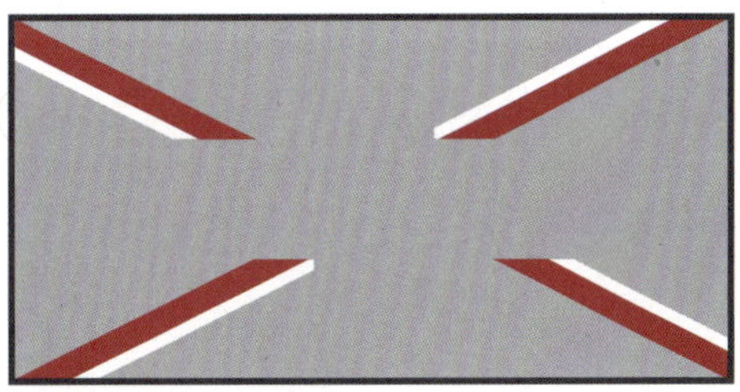

NORDIRLAND

0 %

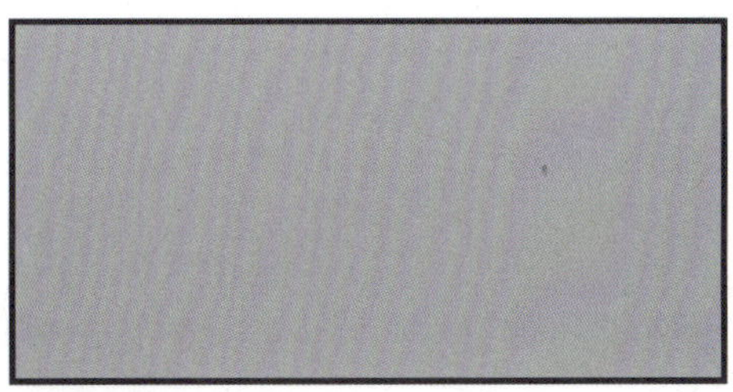

WALES

SPASS

MIT ITALIEN

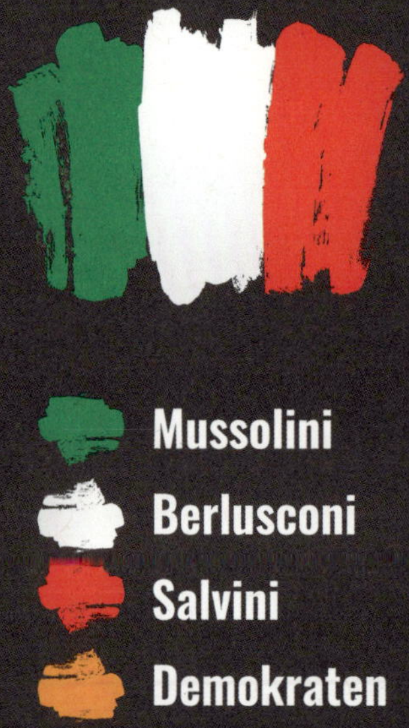

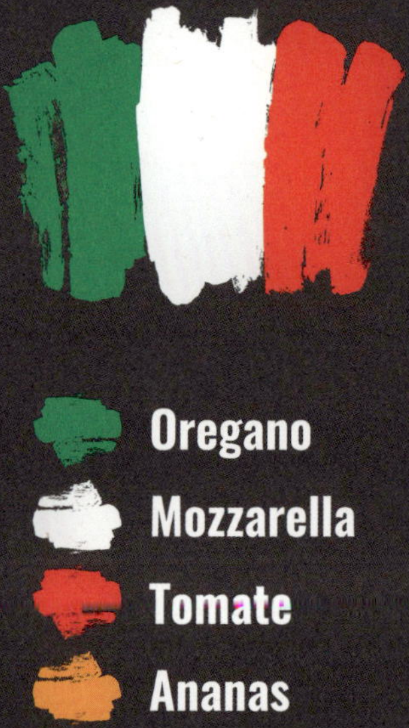

SPASS

MIT DEUTSCHLAND

Keine neue Flagge für Neuseeland

Seit den 90ern gab es in Neuseeland immer wieder Bestrebungen nach einer neuen Nationalflagge. Erst im Jahr 2015 durften dann alle Neuseeländerinnen und Neuseeländer abstimmen. Zunächst sollten sie aus diesen fünf Varianten wählen. In der ersten Runde erhielt jedoch kein Vorschlag über 50 Prozent der Stimmen, weshalb lediglich die Flagge mit den wenigsten Stimmen aussortiert und neu abgestimmt wurde. Insgesamt waren so noch drei weitere Wahlgänge nötig, bis endlich die schwarz-rot-blaue Variante von Kyle Lockwood als Siegerin feststand. Die Wahlbeteiligung in der vierten Runde lag bei etwa 49 Prozent.

Die Gewinnerflagge von Kyle Lockwood trat anschließend gegen die bestehende neuseeländische Flagge mit dem britischen Union Jack an und verlor. An den Abstimmungen zuvor hatten insgesamt etwa 1,3 Millionen Menschen teilgenommen. Hätten sie im Finale alle für den neuen Entwurf gestimmt, wäre die alte Flagge abgelöst worden, denn diese bekam im entscheidenden zweiten Referendum insgesamt nur 1,2 Millionen Stimmen. Diejenigen, die an der ersten Abstimmung teilgenommen haben, scheinen also nicht grundsätzlich für eine neue Flagge gewesen zu sein. Die Wahlbeteiligung des zweiten Referendums war auf knapp 68 Prozent angestiegen. Die Gegner einer neuen Flagge betonten ihre emotionale Bindung an die alte Flagge und das britische Königreich. Außerdem seien die neuen Vorschläge zu sehr auf die Kultur der Maori und Polynesiens fixiert, obwohl die meisten Menschen in Neuseeland angelsächsischer und keltischer Abstammung sind. Der Gegenvorschlag erinnere zudem viel zu sehr an die »All Blacks«, die neuseeländische Rugby-Nationalmannschaft, die ebenfalls den Silberfarn als Logo nutzt.

43,2

56,6

Welche Einsendungen für die neue neuseeländische Flagge leider von vornherein abgelehnt wurden

Schweizerinnen sind auch Waliserinnen

Auf der walisischen Flagge prangt ein ziemlich großer roter Drache. Damit gehört sie ohne Zweifel zu den cooleren Flaggen dieser Welt. Das Fabeltier wird seit Jahrhunderten mit dem Land assoziiert und um seinen Ursprung als Symbol für Wales ranken sich zahlreiche Mythen und Legenden.

Eine eher sachlich-nüchterne Erklärung lautet, dass der Drache von römischen Soldaten als Feldstandarte auf die Britischen Inseln gebracht wurde – möglicherweise auch in Form eines seidenen Luftsacks, der sich im Wind bewegte und Geräusche machte. Mit ihm wurden in der Schlacht Feinde in Angst und Schrecken versetzt. Ein walisischer König soll im frühen 5. Jahrhundert das Drachenzeichen von den Römern übernommen haben, um nach deren Abzug aus Britannien seinen Herrschaftsanspruch zu untermauern.

Als gesichert gilt hingegen die Herkunft der grün-weißen Streifen: Es sind die Farben des Hauses Tudor, das von einer walisischen Adelsfamilie abstammte und 1485 in Person Heinrichs VII. erstmals den englischen Thron bestieg. In der französischsprachigen Schweiz gibt es übrigens ein Gebiet, das »Welschland« oder »Welschschweiz« genannt wird. Der Grund: »Wales« ist eine Fremdbezeichnung und stammt von »welsch«. Es wird vom germanischen »walhisc« abgeleitet, was so viel wie »Völker« heißt.

Whales

Wales

Bhutan

Marijampolė (Litauen)

Flaggen mit einem übelst harten Drachen

Der Drache der maltesischen Flagge ist lediglich mit der Lupe zu erkennen. Also bleiben weltweit nur zwei Nationalflaggen, die einen gut sichtbaren Drachen zeigen, obwohl das Fabelwesen besonders in Ostasien eine große Rolle spielt. Es gehört in China neben dem Phönix, der Schildkröte und dem Einhorn zu den vier mythischen Wundertieren. Auch in anderen Ländern hat der Drache eine besondere Bedeutung. In Indonesien werden Drachen über Kinderbetten gehängt, damit die Kleinen besser schlafen können. In Bhutan hingegen muss der Drache zwingend auf die Flagge, denn die Eigenbezeichnung des Landes ist »Druk Yul«, was so viel wie »Land des Drachen« oder »Land des Donnerdrachen« heißt.

Frühling

Sommer

Herbst

Winter

Die Hakenkreuzflagge

Das Zeigen der Hakenkreuzflagge ist in Deutschland, aber auch in vielen anderen Ländern verboten. Das von den Nazis verwendete Symbol der »Swastika« ist in weiten Teilen der Welt zum Inbegriff eines der größten Massenmorde der Menschheitsgeschichte geworden. Dennoch gibt es in anderen Teilen der Erde Kulturen, die die Swastika noch nutzen. Im Buddhismus, Hinduismus und Jainismus gilt

Swastika

Wald in Estland

Flagge Estlands

Berge in Bulgarien

Flagge Bulgariens

Landschaft in Indien

Flagge Indiens

Kornfeld in der Ukraine

Flagge der Ukraine

Box-Kangaroo-Flagge

Die Sportflagge Australiens ist grün mit einem boxenden Känguru in der Mitte. Bei den Olympischen Winterspielen 2010 in Vancouver ließen australische Sportler eine solche Flagge über zwei Stockwerke vom Balkon hängen. Das Internationale Olympische Komitee untersagte dies, weil es sich um ein eingetragenes Warenzeichen handele und damit eine kommerzielle Absicht habe. Später wurde das Verbot wieder aufgehoben. Auch das Militär nutzt die Flagge gelegentlich, um Verwechslungen mit der britischen Flagge zu vermeiden.

Der friedlichste Krieg der Welt

Hans-Insel

So soll es sich abgespielt haben: Seit 1970 streiten Kanada und Dänemark um die Hans-Insel. Ihr »Krieg« sieht wie folgt aus: Abwechselnd schicken beide Länder ihr Militär auf die Insel, um die eigene Flagge zu hissen und die fremde zu entfernen. Die Dänen hinterlassen dabei jedes Mal eine Flasche dänischen Schnaps für die Kanadier und die Kanadier einen kanadischen Whisky für die Dänen. Die Dänen schlugen vor, den Konflikt durch ein Fußballspiel zu entscheiden, die Kanadier wollten den Besitzer der Hans-Insel lieber durch ein Eishockeyspiel ermitteln. Bisher konnten sich beide Seiten nicht einigen.

SPASS

MIT BRASILIEN, POLEN, NIGERIA

- Nordpol
- Südpol

- Nigeria
- Nigeria
- Niger

- Armut bekämpfen
- ehrliche Politiker wählen
- im Fußball gegen Deutschland gewinnen

SPASS

MIT MAROKKO, ISRAEL, IRLAND

- Wohlstand
- Wissenschaft
- befreundete Nachbarn

- wunderschönes Gras
- herrliche Luft
- top Wasserqualität
- die verdammte Sonne!

- weinende Könige
- Könige mit 5,2 Mrd. € Privatvermögen
- aufrichtige Könige

Welche Pizzen als Farbgeberinnen für die italienische Flagge dienen können

Pizza Mozzarella

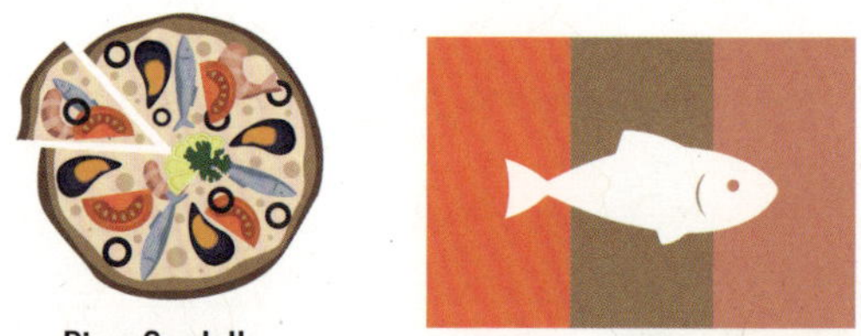

Pizza Sardella

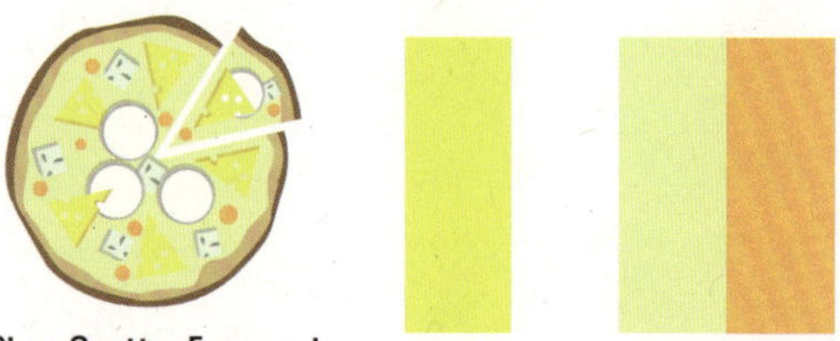

Pizza Quattro Formaggi

Pizza Salami

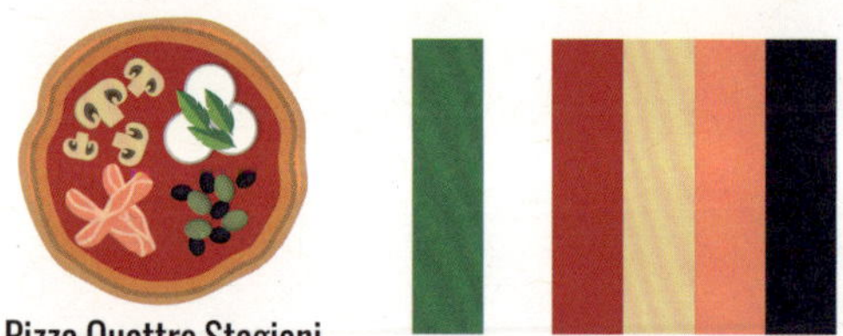

Pizza Quattro Stagioni

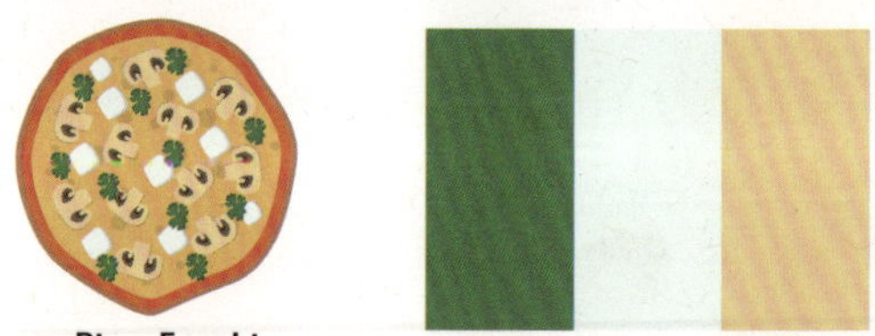

Pizza Funghi

Pizza Marinara

Pizza Hawaii

Die italienische Flagge kommt eigentlich aus Frankreich

Als in Paris 1789 der feudal-absolutistische Ständestaat abgeschafft wurde, zogen die Revolutionäre mit der gleichen Flagge auch nach Genua. Allerdings machten sie einen Fehler. Sie nutzten nicht Blau-Weiß-Rot, sondern aus Versehen Grün-Weiß-Rot. In den folgenden Jahren verwendeten die Italiener diese Farben in mehreren Aufständen, um gegen die italienische Kirche und gegen die Absolutisten der vielen kleinen italienischen Staaten zu kämpfen. Die italienische Stadt Reggio Emilia führte die Flagge schließlich als Erste 1797 offiziell ein. Sie ist in Italien bis heute als Stadt der Nationalflagge bekannt.

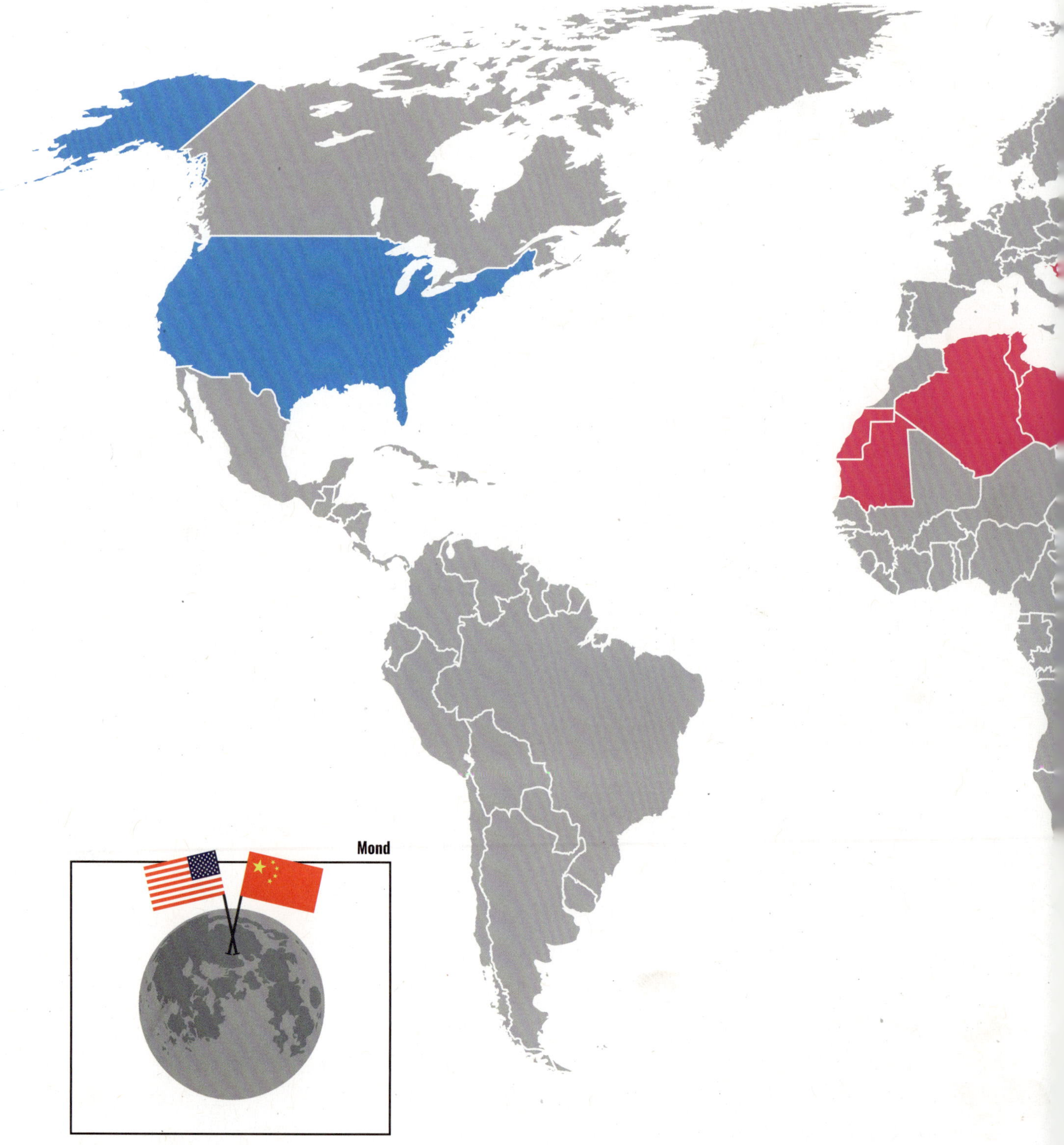
Mond

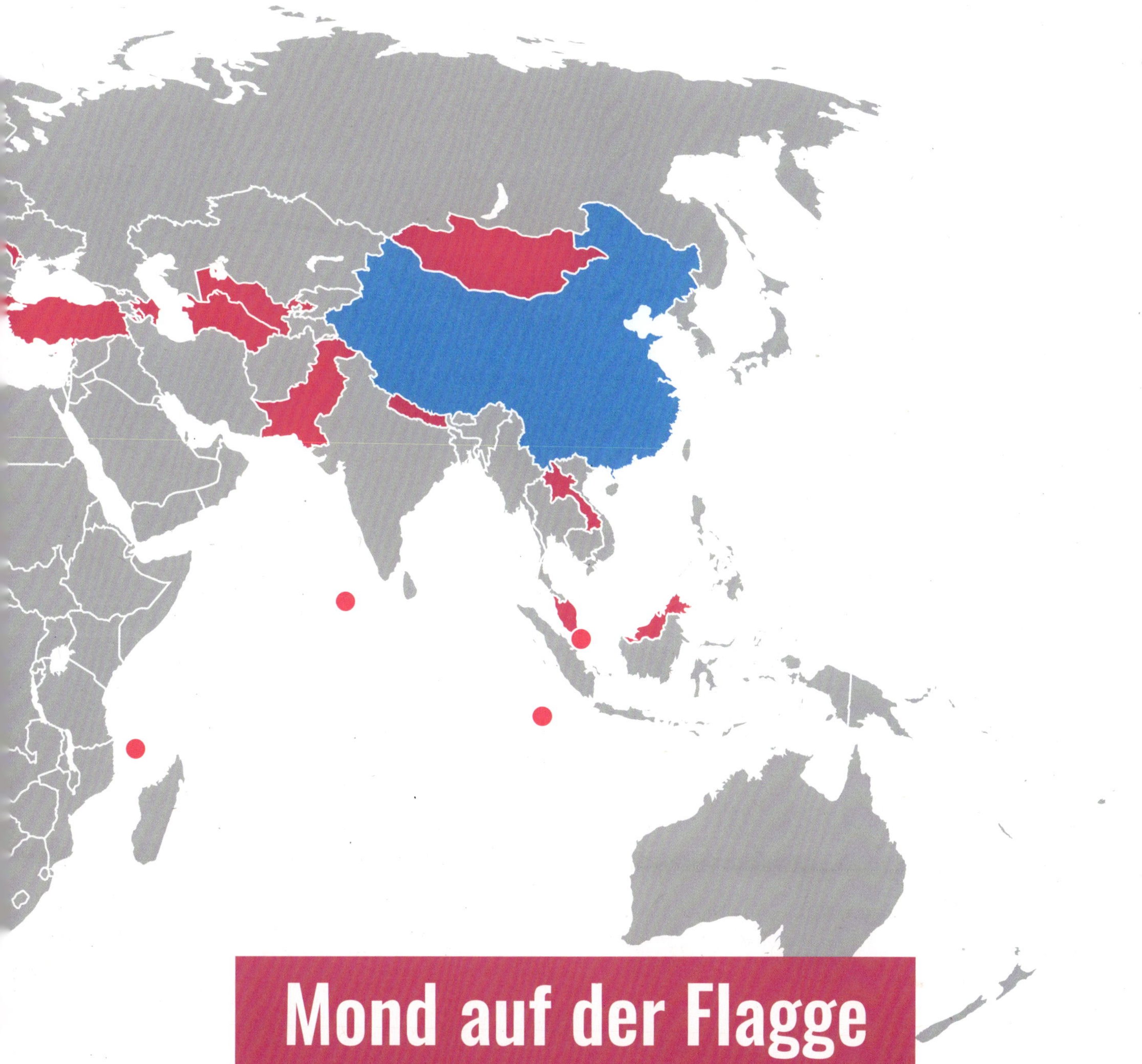

Mond auf der Flagge

Flagge auf dem Mond

River Gee

Grand Kru

Maryland

Grand Gedeh

Grand Bassa

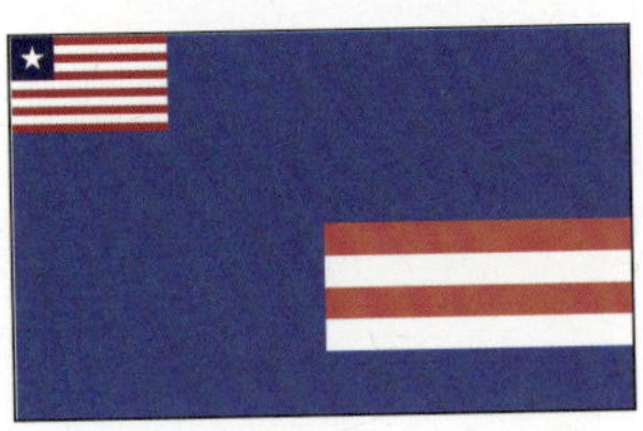

Gbarpolu

Bomi

Bong

Montserrado

Margibi

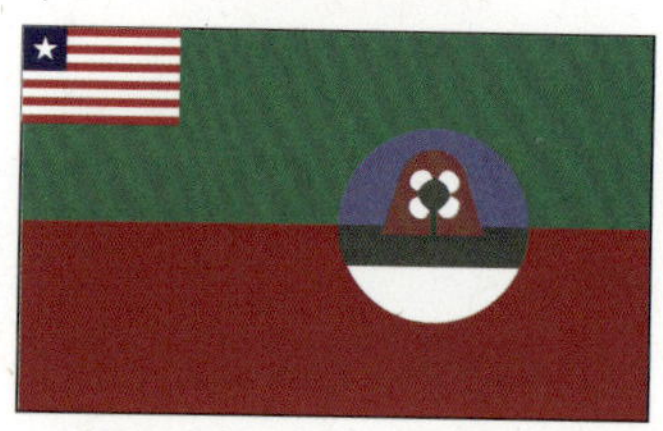

River Cess

Lofa

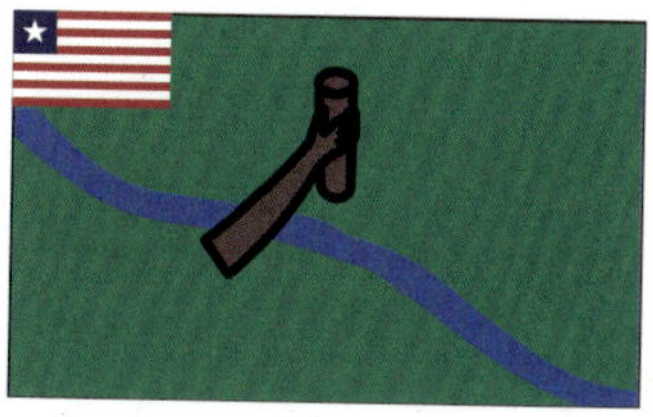

Grand Cape Mount

Nimba

Sinoe

Wie sehen eigentlich die Flaggen der Bundesstaaten Liberias aus?!

Liberias Flagge sieht fast so aus wie die US-amerikanische, dafür hat sich das Land aber bei den Flaggen seiner Bundesstaaten so richtig ausgetobt. Getoppt wird das Ganze nur noch vom liberianischen Wappen. Darauf zu sehen sind Palme, Schiff, Vogel, Pflug, Schaufel, Sonne und Zettel – was denn sonst!

Die Flagge Liberlands

Mit der Ausrufung der Freien Republik Liberland im April 2015 rechnete wohl kaum jemand. Die Mikronation Liberland ist lediglich sieben Quadratkilometer groß und liegt unmittelbar an der Grenze zwischen den jugoslawischen Nachfolgestaaten Serbien und Kroatien. Obwohl sich auf dem Gebiet bisher kein Liberländer dauerhaft niederlassen durfte, wird es von keinem der beiden Anrainerstaaten offiziell beansprucht. Sowohl das angrenzende Kroatien als auch das auf der anderen Donauseite liegende Serbien vermeiden dies aus taktischen Gründen. Ebendiese Skurrilität veranlasste den tschechischen Politiker Vít Jedlička, das Territorium als »Terra nullius«, als staatsrechtlich herrenloses Niemandsland, zu identifizieren. Er beanspruchte es fortan für sich und sein Staatsprojekt. Doch wieso beanspruchen weder Kroatien noch Serbien das Gebiet für sich? Ende des 19. Jahrhunderts wurde in dieser Region die Donau massiv begradigt, um eine bessere kommerzielle Nutzung durch leichteres Navigieren zu ermöglichen. Nach internationalem Recht verschiebt sich eine internationale Flussgrenze, gebildet durch den sogenannten Talweg, jedoch nur dann automatisch mit, wenn eine Veränderung auf natürlichem Wege und allmählich entstanden ist. Bei abrupten, von Menschenhand erzeugten Veränderungen einer Flussgrenze bleibt die alte Grenzlinie bestehen. Gemäß dem alten Verlauf der Donau reichen seitdem mehrere »Land Pockets« (Landzungen) der beiden Staaten über den begradigten Fluss hinweg in das Gebiet auf der gegenüberliegenden Seite. Ob die mit dem Ziehen der korrekten Grenzlinie beauftragte innerjugoslawische Kommission 1945 jenen internationalen Standards bewusst keine Bedeutung beimaß, ist ungeklärt. Jedenfalls wurde der neue Verlauf der Donau als Grenze zwischen den Teilrepubliken festgelegt. Bis zum kroatischen Unabhängigkeitskrieg und der damit einhergehenden Auflösung Jugoslawiens hatte dies auch kaum praktische Auswirkungen. Überraschenderweise begrüßten Anfang der 90er-Jahre zunächst jedoch beide Staaten den Vorschlag der Europäischen Gemeinschaft, den neuen Flussverlauf als internationale Grenze anzuerkennen. Sowohl Serbien als auch Kroatien traten vom geschlossenen Abkommen aber rasch wieder zurück. Kroatien missfällt dabei vor allem, dass die östlich der Donau liegenden und von Serbien kontrollierten Landzungen rund zehnmal größer sind als die serbischen, die wiederum von den Kroaten kontrolliert werden. Es ist naheliegend, dass beide Staaten die lukrativeren, weil größeren Gebiete am Ostufer ihr Eigen nennen wollen. Genau dies veranlasste beide Staaten, die westlich der Donau gelegenen Land Pockets bislang nicht offiziell zu beanspruchen, da sie fürchten, dass dies als Abtretung ihres Anspruches auf die östlichen Gebiete verstanden werden könnte. Darauf fußt Liberlands Anspruch auf die größte der vier westlichen Pockets.

Es steht jedoch außer Frage, dass Liberland äußerst professionell vorbereitet in den Startlöchern steht, um sich auf den mühsamen Marathon in Richtung internationaler Anerkennung zu machen. Nach derzeitigem Stand verfügt die Mikronation bereits über mehr als 80 diplomatische Vertretungsbüros in 60 Staaten auf fünf Kontinenten, geleitet von freiwilligen Unterstützern des Projekts. Ein solches Büro ist dabei nicht gleichzusetzen mit tatsächlicher Anerkennung seitens des Gastgeberstaates. Eine Regierung, angeführt vom Tschechen Jedlička, ist zumindest bereits installiert, offizieller Staatswein bereits gereift und Staatsbier gebraut.

Libertarismus

Wohlstand

Anarchie und Rebellion

Freiheit

die Donau

Die brutalste Flagge der Welt

Die brutalste Flagge der Welt hatte wohl das Königreich Benin. Das Reich befand sich im heutigen Nigeria und bestand von 1180 bis 1897. Wie und von wem genau die Flagge verwendet wurde, ist bis heute nicht völlig klar. Die Darstellung ist eine Rekonstruktion einer von den britischen Kolonialtruppen erbeuteten Flagge. Ein paar Jahrhunderte später herrschte König Gezo von Dahomey über das Gebiet, das heute Benin genannt wird. Seine Flagge ist nicht weniger symbolträchtig: ein Elefant mit Krone.

Alle Flaggen mit Lila

DOMINICA

NICARAGUA

Alle Flaggen mit Rosa

SPANIEN

MEXIKO

Himmel in Somalia

Flagge Somalias

Wasserfall in Sierra Leone

Flagge Sierra Leones

Himmel in Kolumbien

Flagge Kolumbiens

Wasserfall in Nigeria

Flagge Nigerias

Die Flagge der Vereinigten Staaten von Amerika

unter starker Erdanziehungskraft

mit 50 Streifen und 13 Sternen

wenn ein LKW gegenfährt

Flaggen im Stile Kanadas

Die Ahornblattflagge ist eine Designerflagge. Zu sehen ist ein schönes Ahornblatt. Oder doch nicht? Gibt es überhaupt elfzackige Ahornblätter? Nein, gibt es nicht. Warum hat Kanada trotzdem eins? Weil es schöner ist.

Kanada hat im 20. Jahrhundert eine lange Diskussion über seine Flagge geführt. In den 60er Jahren war es dann so weit: Die Mehrheit der Bürgerinnen und Bürger war für eine Abkehr von der britischen Union Flag und für die Erstellung einer eigenen Flagge. Das Problem war nur, dass sich die Politik auf kein neues Muster einigen konnte, also wurde die Bevölkerung dazu aufgerufen, selbst Motive zu entwickeln und einzusenden. Von den 3.541 eingesendeten Entwürfen enthielten tatsächlich über 60 Prozent ein Ahornblatt.

Eine Kommission entschied dann 1964 und wählte nicht die passendste, sondern die schönste Variante. Das Ahornblatt der Siegerversion ist in der Natur nicht existent und auch die Anzahl der Zacken steht nicht etwa für die Zahl der kanadischen Provinzen. Das Blatt hat mit nichts zu tun.

So sieht echte Souveränität aus!

1:1

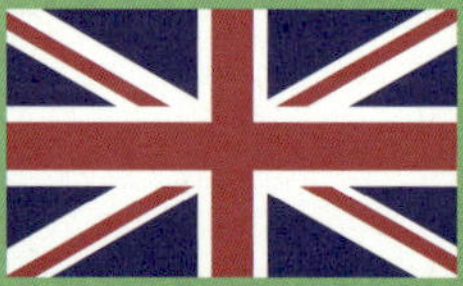

1:2

2:3

3:5

10:19

$$1 : \frac{6136891429688 - 306253616715\sqrt{2} - \sqrt{118 - 48\sqrt{2}}\,(934861968 + 20332617192\sqrt{2})}{4506606337686}$$

Warum haben die Flaggen in diesem Buch oft das gleiche Format?

In diesem Buch haben die Flaggen fast immer die gleiche Größe. Warum das denn? Die Frage ist tatsächlich berechtigt und die Antwort lautet: Wir von KATAPULT sind schlimme Leute, die Flaggen einfach immerzu vereinheitlichen, damit das Layout schick aussieht. Denn eigentlich haben Flaggen ganz unterschiedliche Formate. Die der Schweiz ist quadratisch, die chinesische hat das Verhältnis 2:3 und Nepal ... nun ja, seht selbst.

Spinnrad gegen London

Die indische Flagge hat drei horizontale Balken. In der weißen Mitte steht ein Lebensrad. Ursprünglich war es aber ein Spinnrad, das die Unabhängigkeit Indiens symbolisierte. Mahatma Gandhi wollte Indien durch selbstgewebtes Material wieder unabhängig von der mächtigen britischen Tuchindustrie machen, denn die billigere englische Ware hatte viele Menschen in die Arbeitslosigkeit getrieben. Gandhi rief deshalb dazu auf, Stoffe wieder selbst und in Handarbeit herzustellen. Viele Inderinnen und Inder verbrannten daraufhin ihre importierten Kleider und begannen mit der Eigenproduktion.

Irgendwann hat auch Indien sich industrialisiert und noch früher ist auch das Spinnrad wieder von der Flagge verschwunden. Es wurde durch ein religiöses Symbol, das Ashoka Chakra, ersetzt. Auch wenn die Ähnlichkeit zum Spinnrad vorhanden ist, der Inhalt hat sich geändert. Beim Ashoka Chakra handelt es sich um Inschriften des Kaisers Ashoka aus dem dritten Jahrhundert vor Christus, der die buddhistische Lehre als Grundlage seiner Herrschaft im ganzen Reich bekannt machte.

Besondere Ähnlichkeit hat die indische Flagge mit jener der Stadt Miami. Deren Flagge wurde über ein Jahrzehnt früher erstellt. Darauf allerdings ist weder Produktionsmittel noch religiöses Symbol abgebildet, sondern eine Palme.

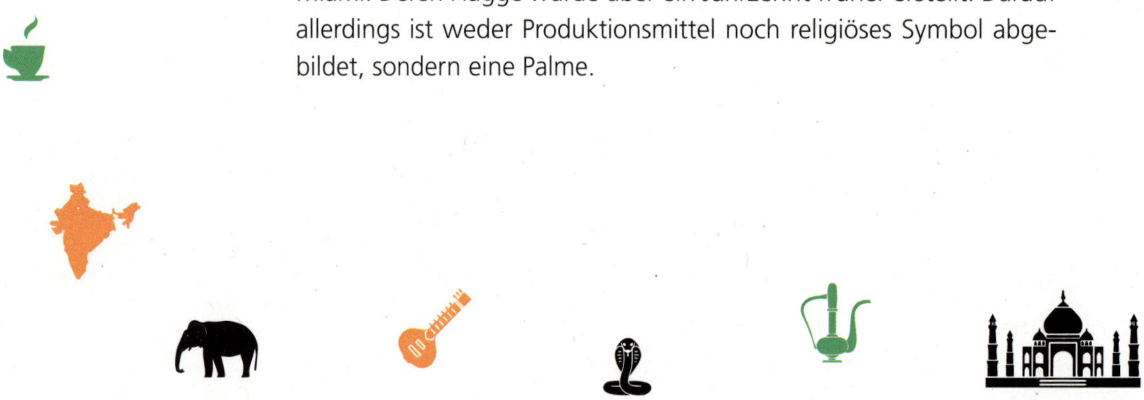

Flagge von Miami

erstellt 1933

Flagge von Indien

erstellt 1947

Die Flaggen der Schweizer Kantone

Argentiniens Flagge

Argentiniens Flagge bei Nacht

Die argentinische Flagge wird immer vom besten Schulkind getragen

Die Nationalflagge Argentiniens stammt aus der Zeit des Unabhängigkeitskampfes gegen Spanien Anfang des 19. Jahrhunderts. Der argentinische Anführer Oberst (später General) Manuel Belgrano entwarf 1812 eine Flagge für seine Truppen. Farblich orientierte er sich an den hellblau-weißen Kokarden – den kreisrunden Uniformabzeichen – der Kämpfer der Mairevolution von 1810, die diese genutzt hatten, um sich vom Feind zu unterscheiden.

Die Mitte der heutigen argentinischen Flagge ziert eine goldene Sonne mit menschlichem Gesicht, die sogenannte Maisonne. Sie symbolisiert die Freiheit und erinnert an den 25. Mai 1810, den Beginn des Aufstands. Das Motiv hat seinen Ursprung in der Mythologie der Inka, wo es Inti repräsentierte, den Sohn des göttlichen Schöpfers Wiraqucha. Ein peruanischer Goldschmied mit Inkavorfahren hatte 1813 die ersten argentinischen Münzen entworfen und das Sonnenmotiv dafür genutzt.

Im Jahr 1818, nach der Erlangung der Unabhängigkeit von Spanien, wurde die Sonne der Flagge des jungen Staates hinzugefügt. Heute spielt die argentinische Flagge eine besonders große Rolle in der Schule. Es ist die Aufgabe der besten Schülerin oder des besten Schülers, die Nationalflagge zu tragen. Die Schule darf erst betreten werden, wenn der Morgenappell abgehalten und die Flagge gehisst wurde.

CHRISTENTUM

ANDERE RELIGIONEN

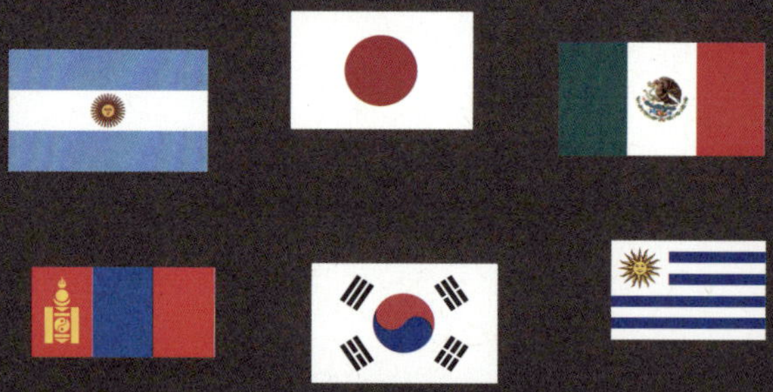

ISLAM

JUDENTUM

BUDDHISMUS

HINDUISMUS/BUDDHISMUS

Die türkische Flagge, wenn man die Mondphasen ernst nehmen würde

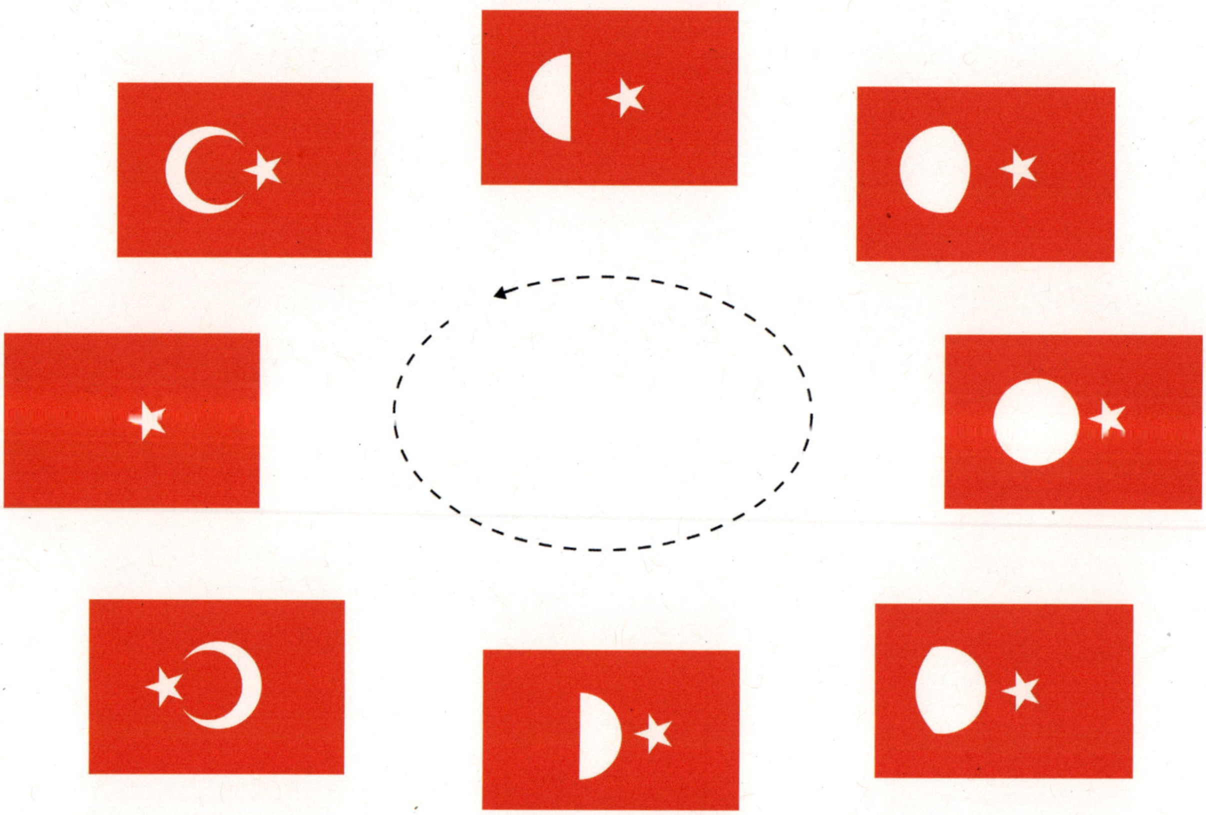

Die Siegesflagge

Stern und Halbmond auf der türkischen Flagge werden oft als typisch islamische Symbole aufgefasst, tatsächlich jedoch reicht ihre Tradition bis weit in die vorislamische Zeit zurück. Die heutige Türkei ist die Nachfahrin des Osmanischen Reiches, dessen Herrschaftsgebiet sich jahrhundertelang über große Teile des Nahen Ostens erstreckte. Bereits die alten Zivilisationen der Region kannten den Halbmond als religiöses Symbol, und die Mondgöttin Diana war die Schutzpatronin von Byzanz, dem heutigen Istanbul. Der Stern, Sinnbild der Jungfrau Maria, kam zum Halbmond der Diana hinzu, als Byzanz unter Kaiser Konstantin offiziell christlich und die Stadt nach ihm umbenannt wurde. Konstantinopel wurde 1453 von den Osmanen erobert und wahrscheinlich gelangten Halbmond und Stern dann als Zeichen des Sieges auf verschiedene osmanische Flaggen. Sultan Selim III. ordnete 1793 die Verwendung einer einheitlichen roten Flagge an, deren Stern noch acht Zacken hatte. Im Jahr 1844 wurde schließlich die bis heute gebräuchliche Version mit dem fünfzackigen Stern etabliert.

Länder und ihre durchschnittliche Flaggenfarbe

Gibt es diese Flaggen wirklich?

Auflösung auf der nächsten Seite

Auflösung

existiert nicht

 +  + 

Ruanda | Mond (Malediven) | Sterne (Singapur)

St. Lucia

Isle of Man

existiert nicht

 + 

Nigeria | Niederlande

Seychellen

existiert nicht

Abchasien

uigurische Unabhängigkeitsbewegung

existiert nicht

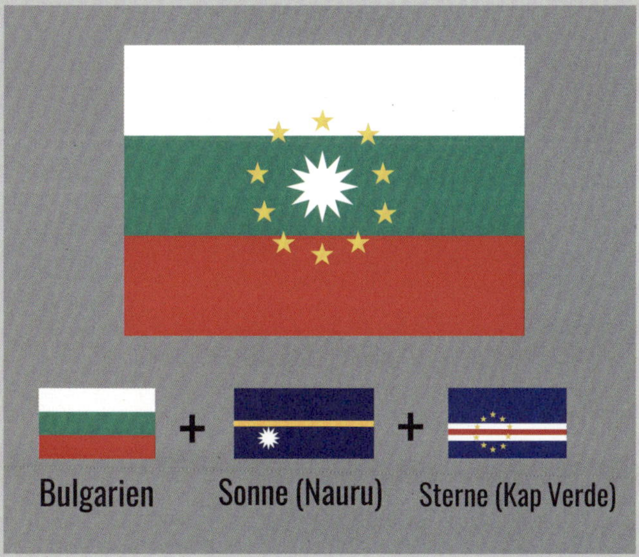

existiert nicht

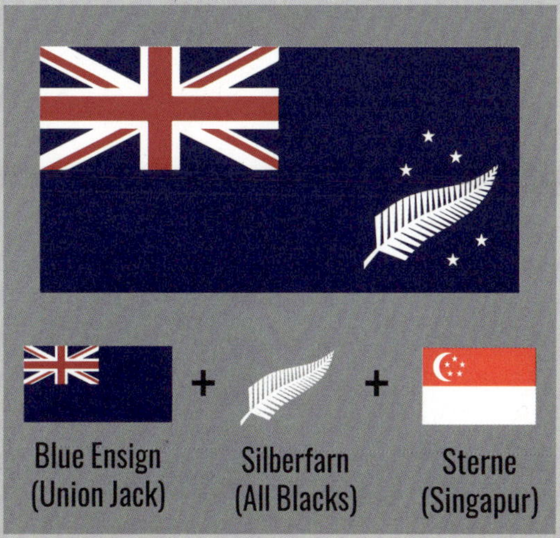

Kokosinseln

BRAUNSCHWEIG
NEW BRUNSWICK
HAMPSHIRE
NEW HAMPSHIRE
JERSEY
NEW JERSEY
MEXIKO
NEW MEXICO
ORLÉANS
NEW ORLEANS
SCHOTTLAND
NEUSCHOTTLAND
NEUKALEDONIEN
YORK
NEW YORK CITY
NEW YORK STATE
SEELAND
NEUSEELAND

Name gleich, Flagge anders

Die vielen Europäer und Europäerinnen, die nach der »Entdeckung Amerikas« den Kontinent besiedelten, waren bei ihrer Namenswahl nicht sehr kreativ. Oft stellten sie dem Namen ihrer neuen Heimat lediglich ein »New« voran. Es gibt auch Tausende Städte und Orte, die einfach als Doppelgänger, also mit gleichem Namen, zu finden sind. Frankfort hat es sogar zur Hauptstadt des Bundesstaates Kentucky gebracht. Bei den Flaggen hingegen sieht die Sache deutlich anders aus. Die meisten haben wenig mit den Flaggen der alten Heimat zu tun. Die Neuschotten haben einfach mal die Farben umgekehrt. Warum nicht.

Europäische Länder, die kein Rot in ihrer Flagge haben

Die meisten Länder haben sich eine Flagge gegeben, auf der die Farbe Rot vorkommt. Warum? Rot ist eine der auffälligsten Farben. Sie dient als Warnung, nicht nur im Straßenverkehr und in der Natur, sondern auch im Krieg. Wer Rot trägt, will Macht ausdrücken, kraftvoll wirken. Im Mittelalter war die Farbe ein Erkennungszeichen der Mächtigen. In einigen Ländern durften nur hohe Würdenträger rote Kleidung tragen. Psychologen meinen: Farben sind nicht nur reine Ästhetik, sie haben eine bestimmte Funktion. Sie wirken unterbewusst. So konnten Forscher in mehreren Studien nachweisen, dass Schiedsrichterinnen und Schiedsrichter im Kampfsport eher zugunsten der in Rot gekleideten Sportlerinnen entscheiden.

Tiere auf Flaggen

Ägypten

Albanien

Andorra

Bhutan

Dominica

Fidschi

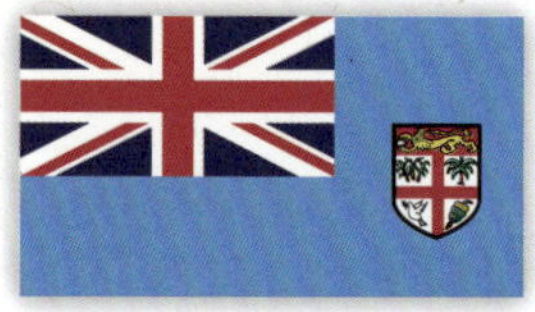

Kasachstan

Kiribati

Kroatien

Mexiko

Moldawien

Montenegro

Papua-Neuguinea

Sambia

Serbien

Simbabwe

Spanien

Uganda

Waffen auf Flaggen

Angola

Barbados

Dominikanische Republik

Eswatini

Haiti

Kenia

Mosambik

Oman

Saudi-Arabien

Tiere und Waffen auf Flaggen

Ecuador

Guatemala

Malta

Bewaffnete Tiere auf Flaggen

Sri Lanka

Der schwertkämpfende Löwe existiert. Sri Lanka wurde 1948 unabhängig und hat die an Großbritannien angelehnte alte Flagge sofort durch einen coolen Löwen mit großem Schwert ersetzt. Die Nationalflagge repräsentiert vor allem das historische Erbe des Landes als Heimat mehrerer Völker. Die meisten Symbole der Flagge haben genau definierte Bedeutungen:

Der Löwe	Stärke und Symbol des singhalesischen Volks
Die vier Blätter	Güte, Mitgefühl, Mitfreude, Gleichmut (Buddhismus)
Das Schwert des Löwen	Die Souveränität der Nation
Lockige Mähne des Löwen	Weisheit, Meditation und Religionsausübung
Die acht Haare am Löwenschwanz	Der edle achtfache Weg
Der Bart des Löwen	Reinheit der Worte
Der Schwertgriff	Die Elemente Wasser, Feuer, Luft und Erde
Die Nase des Löwen	Intelligenz
Die Vorderpfoten des Löwen	Reinheit im Umgang mit Reichtum
Oranger Streifen	Volk der Tamilen
Grüner Streifen	Volk der Moors und Islam
Safrangelber Rand	Buddhismus und Einheit unter den Menschen
Weinroter Hintergrund	Das singhalesische Volk

Naziflaggenkunde

Hakenkreuzflaggen sind in Deutschland verboten. Nazis weichen daher in der Öffentlichkeit häufig auf die Farben des Deutschen Kaiserreichs aus. Die nutzten auch die Nationalsozialisten nach ihrer Machtübernahme und dem Ende der Weimarer Republik. Die Farben und Flaggen stehen also nicht nur für die großdeutschen Fantasien vieler sogenannter Reichsbürger, die sich in die Zeit des Kaiserreichs zurücksehnen, sondern auch für die Verbrechen und Ideologie der Nationalsozialisten.

Warum lehnen die Nazis eigentlich die schwarz-rot-goldene Flagge Deutschlands ab? Die Idee zur Flagge der heutigen Bundesrepublik stammt aus einer Zeit, als von einem deutschen Staat noch keine Rede sein kann, erst recht nicht von einem demokratischen. Nach dem Sieg über Frankreich haben die europäischen Monarchien auf dem Wiener Kongress von 1815 die alte Ordnung wiederhergestellt. Deutschland bleibt der bekannte »Flickenteppich« aus einigen großen und vor allem vielen kleinen Fürstentümern, die überwiegend von absolutistischen Herrschern regiert werden. Gegen diese Kleinstaaterei richtet sich eine neu entstandene Nationalbewegung. Sie wird maßgeblich von Studenten getragen, deren Verbindungen damals nicht rückwärtsgewandte, sondern liberale Ideen vertreten.

Die im Juni 1815 in Jena gegründete »Allgemeine Deutsche Burschenschaft« gibt sich den Wahlspruch »Ehre, Freiheit, Vaterland« und wählt für ihre Fahne Schwarz, Rot und Gold unter Berufung auf die Farben des alten Reichs, das 1806 untergegangen ist. Zugleich sind es die Uniformfarben des sogenannten Lützowschen Freikorps aus den Befreiungskriegen gegen Napoleon, wobei umstritten ist, inwieweit sich der nun gewählte farbliche Dreiklang explizit darauf zurückführen lässt. Fest steht dagegen, dass auf dem Wartburgfest bei Eisenach 1817 unter anderem Studenten für einen deutschen Nationalstaat mit einer freiheitlichen Verfassung protestieren. Ihr Erkennungszeichen ist das schwarz-rot-goldene Banner. Auf dem Hambacher Fest 1832 und während der Märzrevolution von 1848 symbolisiert es den Kampf für Mitbestimmung und ein geeintes Deutschland. Auch als die ersten Abgeordneten in die Frankfurter Paulskirche einziehen, weht auf dem Dach die Trikolore in Schwarz, Rot und Gold.

Mit dem Scheitern der Revolution verschwinden die Farben zunächst; sie werden erst in der Verfassung der Weimarer Republik wieder offiziell verankert, bevor die Nationalsozialisten sie erneut verbannen. Nach dem Ende der Gewaltherrschaft berufen sich die Väter und Mütter des Grundgesetzes bewusst auf die Tradition eines demokratischen, freiheitlichen Deutschlands, dessen Symbol die schwarz-rot-goldene Bundesflagge ist.

Flagge des Deutschen Kaiserreichs 1892-1919
und des Deutschen Reichs 1933-1935
(zusätzlich zur Hakenkreuzflagge)

Reichskriegsflagge 1933-1935
(zusätzlich zur Hakenkreuzflagge)

Bundesländer, die einen Bären in ihrem Wappen haben

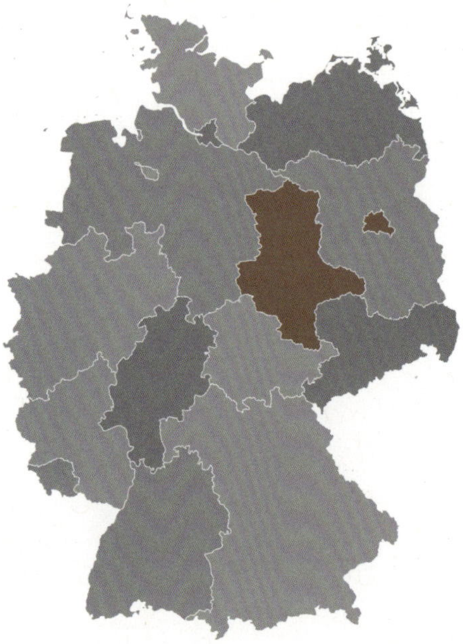

Bundesländer, die einen Löwen in ihrem Wappen haben

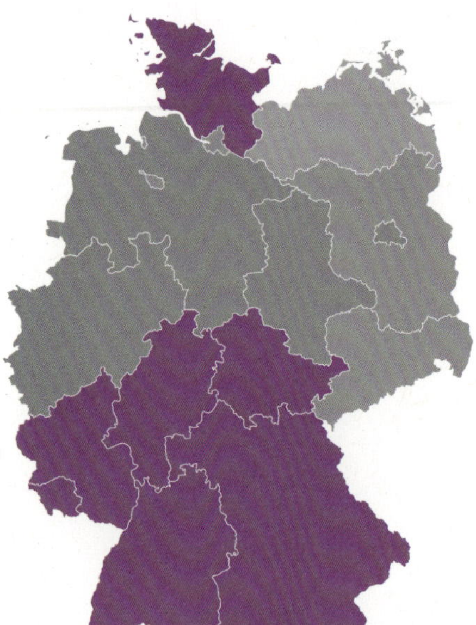

Bundesländer, die ein  in ihrem Wappen haben

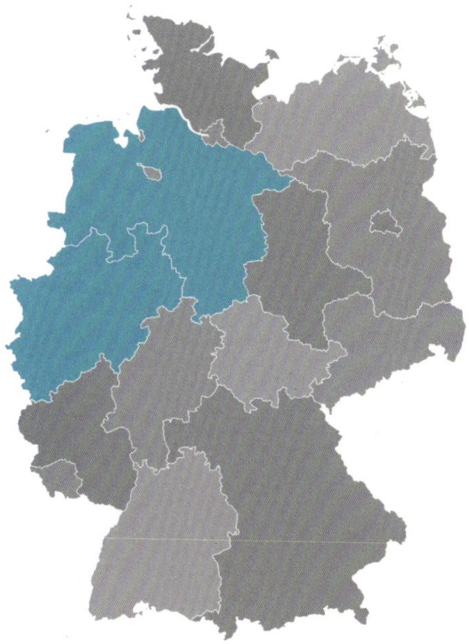

Bundesländer, die besoffene Stiere in ihrem Wappen haben

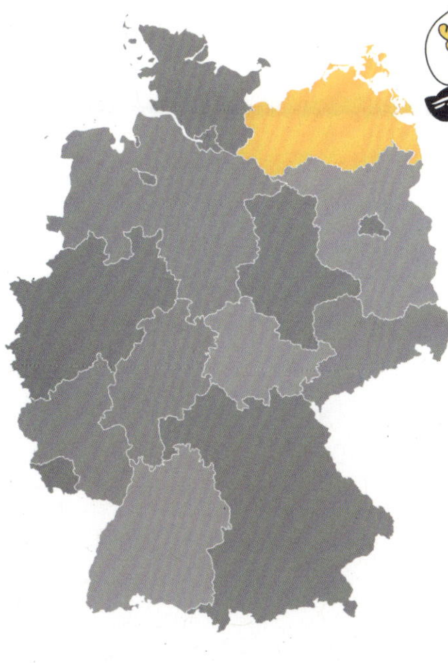

Deutsche ~~Flaggen~~ Wappen

Der Bär ist Berlins Wappentier. Hat mit dem Stadtnamen aber gar nichts zu tun. Wie sieht das Wappen vom Saarland aus? Oder von Schleswig-Holstein? Keine Ahnung. Aber den Berliner Bären kennen alle. Viele glauben, dass sich der Name der Stadt vom Tier ableitet. Vielleicht, weil dort früher Bären gelebt haben. Und diese von mutigen Stadtmüttern und -vätern vertrieben wurden. Oder weil Bären einfach groß und stark sind. Aber das ist alles falsch, denn fest steht: Zuerst gab es Berlin, dann das Wappentier.

Bis ins 13. Jahrhundert führte Berlin einen Adler im Wappen. Dieser wurde von zwei Bären abgelöst. Doch bis zum heutigen aufgerichteten schwarzen Bären mit roter Zunge und roten Klauen durchlief das Wappentier einige Veränderungen. Historikerinnen und Historiker stellten fest, dass der Bär bis zum 15. Jahrhundert auf Silbermünzen und in Wappenbüchern zunehmend eine stehende Haltung einnahm. Ab 1875 ließ der Berliner Magistrat den Bären sogar ohne Halsband auf dem Wappen der damaligen Reichshauptstadt abbilden. Zuvor gab es für das Raubtier eine Art Leinenpflicht. So sollte das Wappentier dafür stehen, dass die Stadt sich dem Regime der Landesherren unterordnete. Doch wenn Berlin nicht vom Bären abstammt, warum hat dann ausgerechnet Meister Petz den Adler abgelöst?

Eine weitverbreitete Theorie begründet das mit dem Klang des Stadtnamens. »Berlin« leite sich vom Wort »berlo« ab. Das bezeichnet im Slawischen eine trockene Stelle in einem Sumpfgebiet. Der Bär wurde als Wappentier gewählt, weil »Bär« so ähnlich klingt wie »Berlin«. Der Berliner Bär wird deshalb zu den sogenannten sprechenden Wappen gezählt. Eine andere Theorie hängt mit einem weiteren Bundesland zusammen, das einen Bären im Wappen trägt: Sachsen-Anhalt. Die Idee zu diesem Bären stammt vom damaligen Freistaat Anhalt. Dieser gab sich im April 1924 ein neues Wappen, in Anlehnung an das Wappen der Herrschaft Bernburg. Der Bär soll auf den Herrscher Albrecht I. von Ballenstedt, »den Bären«, zurückgehen. Die Stadt Bernburg behauptet, dass Albrecht aber nicht nur der Ursprung des anhaltinischen, sondern auch des Berliner Bären war. Belegt ist das allerdings nicht.

Und sonst so?

Was deutsche Bundesländer in ihren Wappen haben

Flagge Zyperns

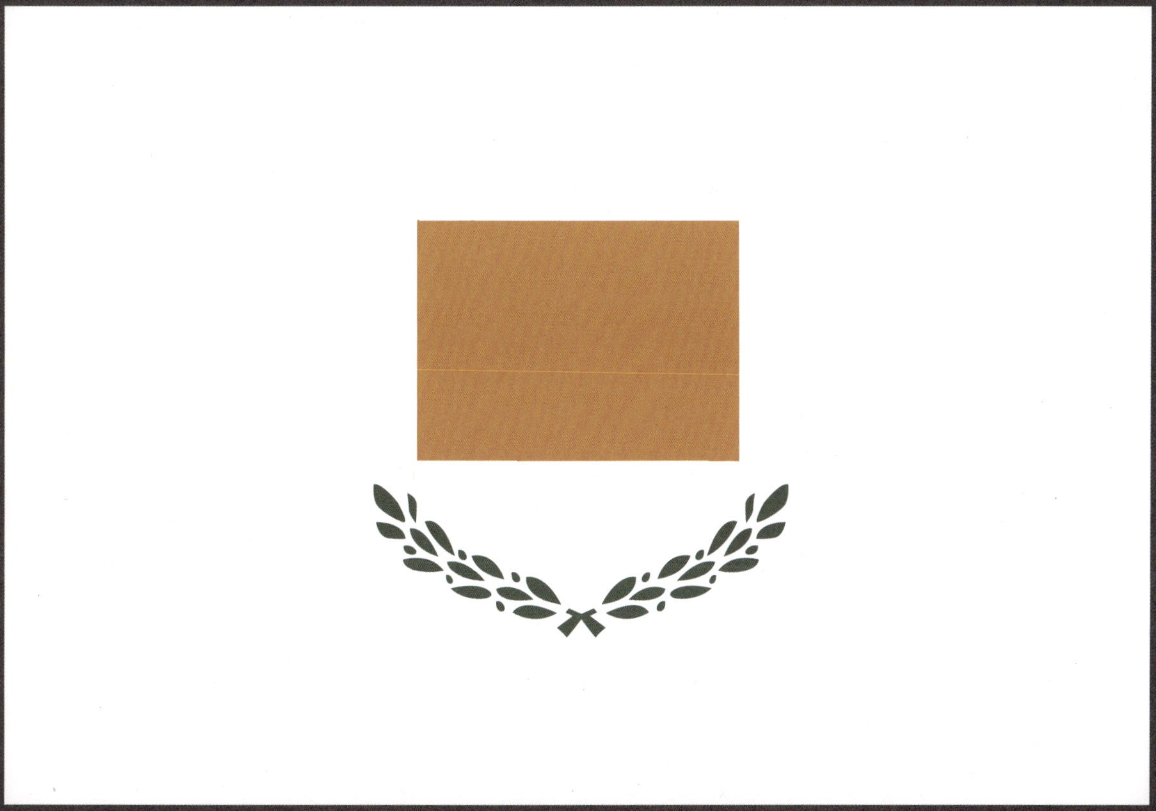

Flagge Colorados im Stile Zyperns

Verbesserungsvorschläge

PAULANER
MÜNCHEN

NOKIA

Ursprüngliche Flaggen der britischen Commonwealth-Staaten

(Auswahl)

Heutige Flaggen der Staaten im britischen Commonwealth

(Auswahl)

BELGIEN

Die illegale Flagge

Belgien als unabhängiger Staat ist noch relativ jung, es gibt ihn erst seit knapp zweihundert Jahren. Weil Flamen und Wallonen auch damals schon keinen Bock aufeinander hatten und sich nicht einigen konnten, wessen Farben nun auf die Nationalflagge sollten, entschied man sich einfach für Gelb als Sinnbild für das belgische Nationalgericht: Fritten, mit Rot für den dazugehörigen Ketchup. Schwarz dagegen stand für den Kongo-Freistaat, der zwischen 1885 und 1908 eine Privatkolonie des belgischen Königs Leopold II. war und besonders rücksichtslos und grausam geplündert wurde. Nun, wie du bereits geahnt haben wirst, stimmt diese Erklärung nicht. Das heißt, die Ausbeutung des Kongos stimmt leider sehr wohl und auch Pommes frites sollen an der Maas bereits im 18. Jahrhundert verzehrt worden sein, nur mit der belgischen Flagge haben sie nichts zu tun. Deren Geschichte beginnt mit der belgischen Revolution, als das heutige Belgien noch Teil der Vereinigten Niederlande war. Die mehrheitlich katholische Bevölkerung der südlichen Provinzen erhob sich im August 1830 aufgrund religiöser und wirtschaftlicher Differenzen gegen den vorwiegend protestantischen Norden. Die Revolutionäre Édouard Ducpétiaux, Lucien Jottrand und Alexandre Van Hulst orientierten sich

ENGIBEL

für die Farbgebung ihrer Flagge an der Fahne des sogenannten Brabanter Umsturzes von 1789/90 gegen die österreichischen Habsburger. Der damalige belgische Freiheitskampf unter Flaggen in Rot-Schwarz-Gelb mit horizontalen Streifen war noch niedergeschlagen worden, nun hatte er mit Rot-Gelb-Schwarz Erfolg. Im Jahr darauf wurde die Flagge des neuen Staates offiziell angenommen, wahrscheinlich in Anlehnung an die Trikolore der französischen Revolution jedoch vertikal gestreift, als Zeichen nationaler Einheit und Unabhängigkeit. Nach der Wahl Leopolds I. zum belgischen König wurde die Reihenfolge erneut geändert, diesmal in das nach wie vor gültige Schwarz-Gelb-Rot. Unter diesen Farben gliedert sich der föderale Staat Belgien heute in das niederländischsprachige Flandern im Norden und das französischsprachige Wallonien im Süden, sowie die zweisprachige Hauptstadt Brüssel. An einer gemeinsamen Idee, wie mit der kolonialen Vergangenheit und den Gräueltaten im Kongo umgegangen werden soll, fehlt es dem zerstrittenen Land bis heute. Laut Verfassung von 1830 ist die Flagge Belgiens übrigens rot, gelb und schwarz. Es ist wohl das einzige Land, das sich flaggenmäßig nicht an die eigene Verfassung hält.

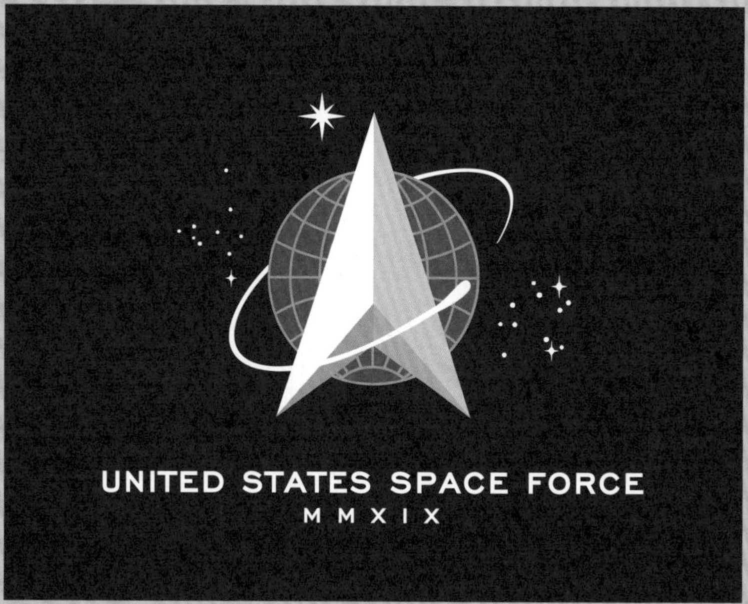

United States Space Force

Die United States Space Force wurde erst am 20. Dezember 2019 gegründet und ist neben der Army, dem Marine Corps, der Navy und der Air Force offiziell Teil der US-Streitkräfte. Sie ist für die Raumfahrt zuständig und betreibt militärische Satelliten. Ihr Gründer? Donald Trump. Ihr Ziel: Die Dominanz im Weltraum zu gewährleisten.

Sternenflotte (Star Trek)

Die Flagge der US-Space-Force ähnelt der fiktiven Starfleet-Organisation aus der Serie »Star Trek« enorm. Wann wurde diese zum ersten Mal im Fernsehen gezeigt? 1993. Leider hat man aber lediglich das Design der Flagge kopiert, ohne die Ziele der Organisation zu übernehmen. Dazu gehören nämlich Wissenschaft, Verteidigung, Frieden, Erkundung des Weltraums und Diplomatie. Bitte links hinzufügen.

Transgender

Agender

Aromantisch

Bisexuell

Demisexuell

LGBTQ+

Lesbisch

Bear Brotherhood

Nichtbinäre

Intersexuell

Genderqueer

Polysexuell

Asexuell

Genderfluid

Pansexuell

Lesbenflagge

Bärenflagge

Die Regenbogenflagge ist wohl das bekannteste Symbol der LGBTQ+-Gemeinschaft. Es gibt aber noch viel mehr Flaggen der sexuellen Selbstidentifikation. Der Bär ist beispielsweise zum Symbol einer Gemeinschaft geworden. »Bären« sind fast immer bärtig und schwul oder bisexuell. Körperbehaarung ist der Grund für den Namen. Sie organisieren sich in »Bärengemeinschaften« und sind weltweit verbreitet. Treffen finden oft in sogenannten Bärenclubs statt. Da darf eine eigene Flagge nicht fehlen. Die internationale Bear-Brotherhood-Flagge wurde 1995 veröffentlicht.

Flagge der russischen Stadt Schuja

Was könnte die Flagge zeigen?

War dein erster Gedanke ein Stück Butter? Auch eine schöne Idee, aber leider nicht richtig. Die Stadt Schuja, 300 Kilometer östlich von Moskau, ist schon seit dem 17. Jahrhundert bekannt für die Herstellung von Seife. Diese wird nicht nur auf ihrer Flagge präsentiert, sondern auch im Stadtmuseum und seit 2009 jährlich während des »Seifenfests von Schuja«. Wofür ist die Stadt sonst noch bekannt? Aus Schuja stammt auch der Bauer Fjodor Wassiljew, der angeblich 69 Kinder mit seiner ersten und 18 weitere mit seiner zweiten Frau hatte.

Rot, Blau, Weiß, Rot

Am französischen Nationalfeiertag malen Militärflieger traditionell die Trikolore in den Himmel. 2018 hatte die Flagge allerdings einen roten Streifen zu viel. Den 14. Juli begehen die Französinnen und Franzosen jedes Jahr mit einer Militärparade auf den Pariser Champs-Élysées. Fast 4.300 Soldaten mit 220 Fahrzeugen, 250 Pferden, 64 Flugzeugen und 30 Hubschraubern beteiligten sich an dem Spektakel, auch Präsident Emmanuel Macron war vor Ort. Seine Landesflagge wird Macron in jenem Jahr aber nicht so recht erkannt haben: Denn einer der neun Militärflieger, die die Trikolore in die Luft malten, sprühte die falsche Farbe und die Trikolore erhielt links plötzlich einen zusätzlichen roten Streifen.

Bei der neunten Maschine handelte es sich der Luftwaffe zufolge um eine Ersatzmaschine, die mit allen drei Farben beladen war. Wie ein Oberstleutnant der französischen Luftwaffe dem Sender France 2 erklärte, gibt es zwei mögliche Erklärungen für das Missgeschick. »Es könnte ein menschlicher Fehler sein, vielleicht hat der Pilot den falschen Knopf gedrückt. Oder die Farben wurden falsch in den Flieger geladen«, sagte er dem Sender. Es blieb nicht der einzige Fauxpas auf der Parade: Bereits zu Beginn fuhren zwei Motorradpolizisten ineinander. Ihre Formation sah vor, dass sie aufeinander zufahren, im letzten Moment abdrehen und gemeinsam in dieselbe Richtung weiterfahren. Das glückte allerdings nicht, die beiden kollidierten und versperrten den nachfolgenden Fahrzeugen den Weg. Zudem ließ sich eines der Motorräder nur zu zweit wieder aufstellen.

Danish

Swedish

Finnish

Turkish

Und für solche Witze hast du jetzt echt Geld ausgegeben, ja?

Nordkorea

Südkorea

Vier Vorschläge für ein geeintes Korea

Fetisch auf Flagge

Die Flagge Floridas zeigt ein ziemlich genau gemaltes Bild. Ein Schiff, eine Palme, mehrere Sträucher, die Sonne und eben auch eine Frau mit langem Rock und Blumen im Arm. Zeichnungen von Menschen kommen relativ selten auf Flaggen vor. Die Vexillologie, also die Flaggenkunde, rät von solchen komplizierten Figuren ab, weil ihre Erkennung aus der Ferne schwierig sei.

Hat deine Staatsflagge Füße?

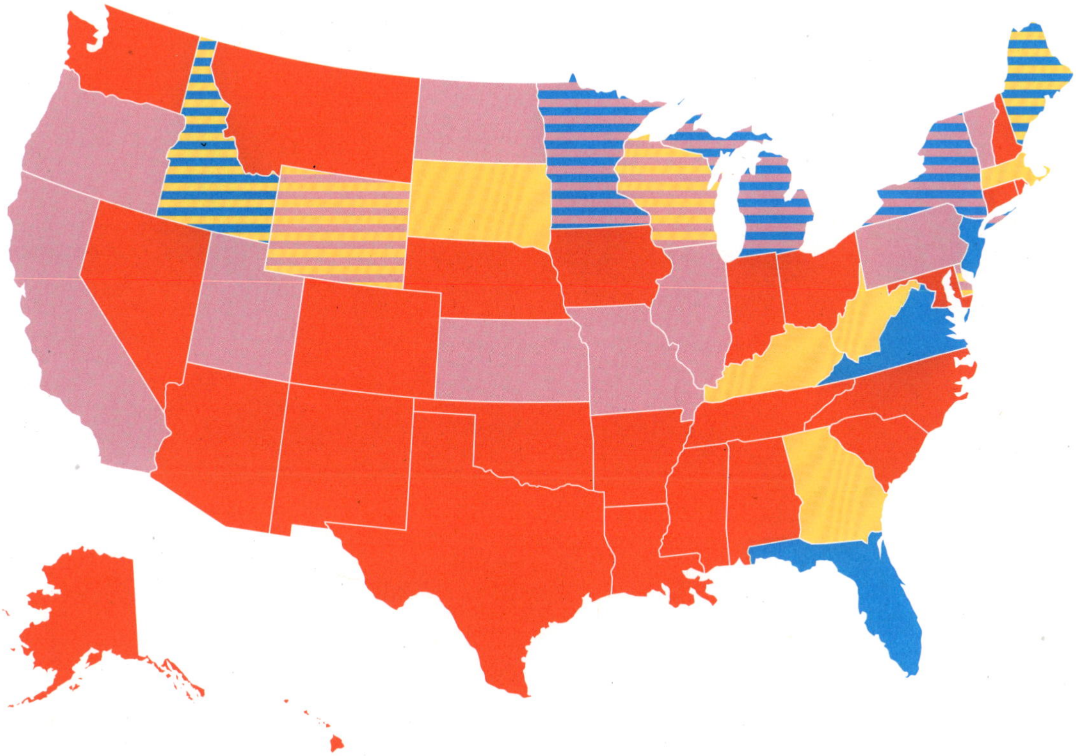

ja, klar

ja, aber von Tieren

jein, sie sind durch Schuhe verdeckt

nein

Nordkaukasische Flagge 1919

Nordkaukasische Flagge 1920

Die lachende Flagge

Das Emirat Nordkaukasien war ein tschetschenisch-islamischer Staat, der während des russischen Bürgerkriegs von September 1919 bis März 1920 auf dem heutigen Territorium Tschetscheniens und Dagestans existierte. Der Halbmond und die Sterne waren wie ein Gesicht angeordnet. Bis zum Januar 1920 hatte sich die militärische und wirtschaftliche Lage im Emirat verschlechtert. Es wurde Teil der Russischen Sozialistischen Föderativen Sowjetrepublik, aus der später die Sowjetunion wurde. Das Emirat bekam Autonomie versprochen, was allerdings eher wenig gehalten wurde. Die lachende Flagge wurde wieder abgeschafft. Wir haben aus ihr ein trauriges Gesicht gemacht!

Bär gegen Physik

Ein Bär, der mit einem Atom kämpft? Sowas gibt's nur in Russland. Das ist die Flagge der Stadt Schelesnogorsk, was so viel wie »Stadt der eisernen Berge« bedeutet. In diesen eisernen Bergen befindet sich auch Uran, aus dem Plutonium hergestellt wird. Ab 1950 errichtete die Sowjetunion hier ihre Produktionsanlagen für waffenfähiges Plutonium. Tarnname: »Bergbau- und Chemiekombinat«. Zu Sowjetzeiten war der strategisch wichtige Ort auf Landkarten nicht zu finden. Geheim ist der Ort heute nicht mehr, jedoch kann man auch nicht einfach so in die Stadt fahren. Fremde kommen nur mit einer Sondergenehmigung rein. Insgesamt leben derzeit 85.000 Menschen in Schelesnogorsk.

Flaggen der deutschen Bundesländer ...

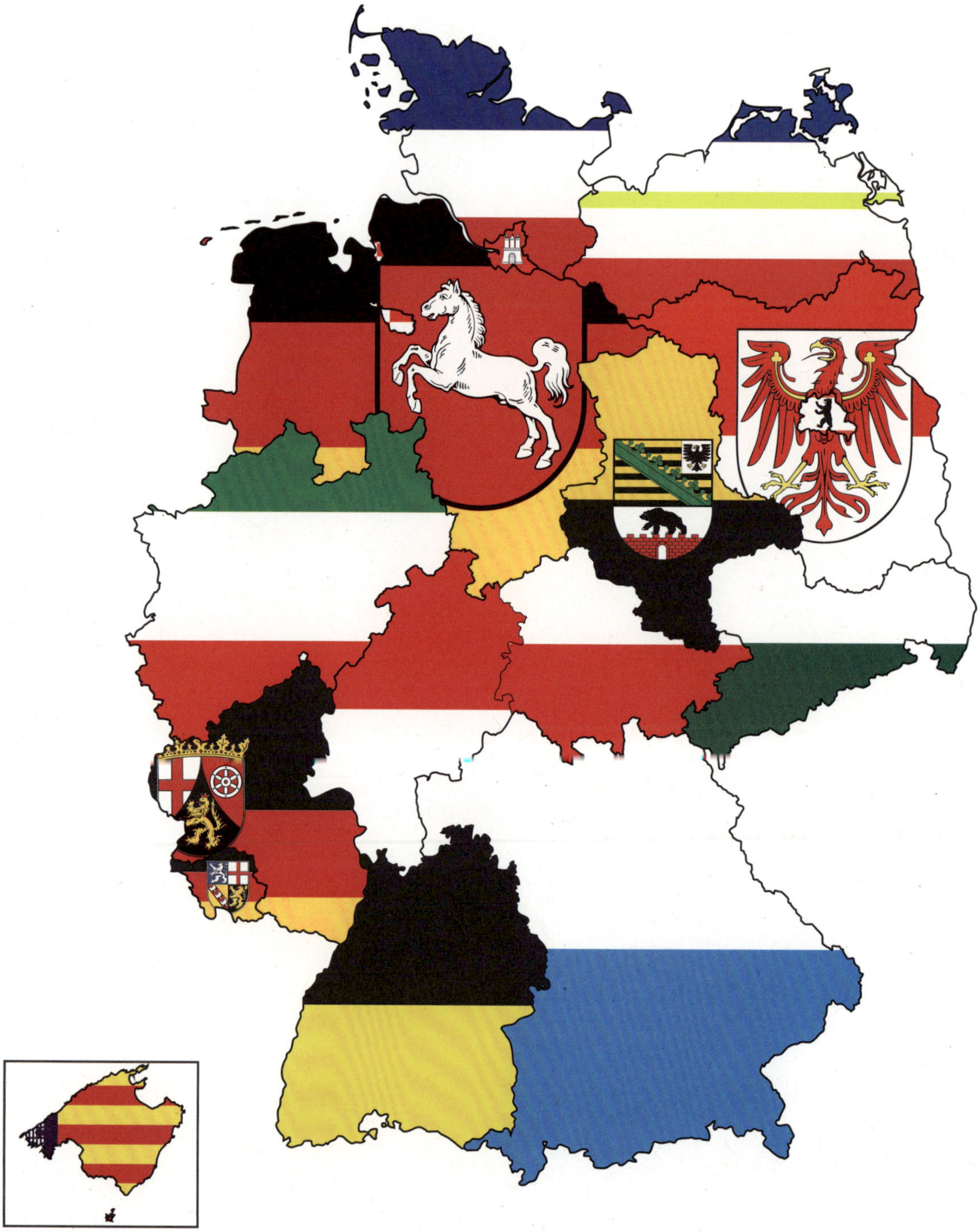

... und ihrer Hauptstädte

Großes Missverständnis

Die Flagge der sibirischen Stadt Irkutsk wurde im 18. Jahrhundert entworfen. Sie zeigte ursprünglich einen Tiger. Wie kommt es, dass auf der modernen Flagge nicht die Raubkatze, sondern eine Mischung aus Biber und Tiger zu sehen ist? Die simple und doch so folgenreiche Geschichte dahinter: Der Zar entschied 1878, die Wappen aller 46 Regionen Russlands zu ändern. Dabei wurde, wahrscheinlich eher versehentlich, anstelle des Wortes für Tiger das Wort für Biber genommen, womit der Bibertiger oder Tigerbiber nun zum Wappentier von Irkutsk wurde.

Flagge der Stadt Irkutsk

Flagge der Region Irkutsk

SPASS

MIT FRANKREICH

- Blausein
- Weißwein
- Rotwein

- Voulez-vous
- coucher avec ...
- HALT DIE FRESSE!

- Atomkraft
- Atomkraft
- Atomkraft
- Verantwortung

SPASS

MIT DER SCHWEIZ

Besonnenheit
Erhabenheit
NZZ

neutral
neutral
neutral
neutral
neutral
neutral
neutral
neutral
neutral
neutral
neutral
neutral
langweilig

Geld für Diktatoren
Geld für Massenmörder
Geld für soziale Projekte

Etwa vier Prozent aller Menschen haben eine Rot-Grün-Sehschwäche. Sie sehen die Deutschlandflagge so:

Nicht so schlimm? Kannst du erkennen, zu welchem Land diese Flagge gehört?

Oder diese?

Blättere um!

Das waren

Nigeria

Peru

Zweiter Versuch.
Die Flaggen welcher Länder sind das?

Bitte umblättern!

Das waren

Irland

Italien

Letzter Versuch.
Was könnte das sein?

Nächste Seite!

Das waren

Mali

Guinea

Warum machen wir das hier? Ist doch voll die Platzverschwendung!

Eben nicht! Es gibt noch viel zu wenige Leute, die wissen, dass Menschen mit Rot-Grün-Schwäche einen enormen Nachteil haben und sich der Rest der Gesellschaft nicht dafür interessiert. Auch KATAPULT hat in der Vergangenheit immer wieder Karten veröffentlicht, bei denen vorher kein Rot-Grün-Test gemacht wurde. Ergebnis: Viele Leserinnen und Leser haben sich darüber beschwert, und das vollkommen zu Recht. Von den vier Prozent derer, die Rot nicht von Grün unterscheiden können, ist die große Mehrheit männlich. Bei manchen ist es stärker, bei manchen weniger stark ausgeprägt. Wie merken die eigentlich, wann die Ampel grün ist? Grün ist immer unten, jedenfalls in den meisten Ländern.

DIE WELT IN FLAGGEN

Falsche Flaggen

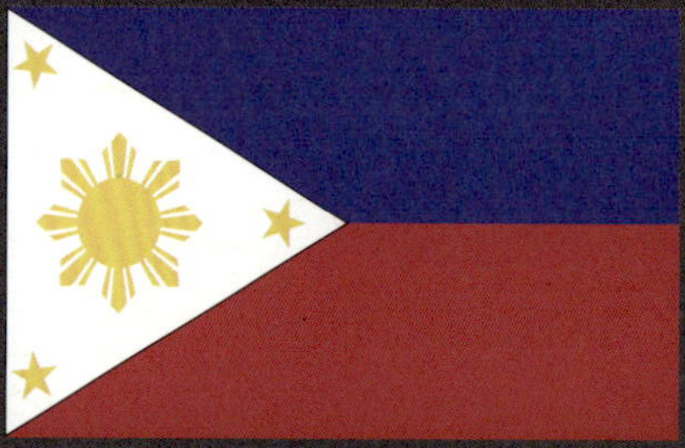

Am philippinischen Unabhängigkeitstag 2016 zeigte Facebook die Nationalflagge falsch herum. Das würde bedeuten, dass sich der Inselstaat im Kriegszustand befände. Das Unternehmen entschuldigte sich für den Fehler.

Das weiß jeder: Wenn man französischen Besuch bekommt, darf eine Frankreichflagge nicht fehlen. Als François Hollande nach Stralsund kam, um Angela Merkel zu besuchen, hissten die Stralsunder deshalb die Flagge der Niederlande. Zu allem Überfluss hing diese falschherum. Dadurch, dass die Fahne nach unten hing, sah sie jedoch fast wieder wie eine französische Flagge aus. Aber nur fast.

Das Formel-1-Rennen in Montreal war 2018 wohl langweilig. Auf jeden Fall setzte das kanadische Model Winnie Harlow dem Ganzen ein Ende, und zwar eine Runde zu früh. Schuld hatte sie nicht, die Rennleitung hatte ihr ein falsches Signal gegeben.

Die britische Botschaft in Abu Dhabi hat eine ganz besondere britische Flagge rausgeholt. Da fehlt irgendwie das Patrickskreuz. Nordirland wäre dann nicht mehr vertreten.

DIE FLAGGE NORWEGENS

Diese sieben Flaggen verstecken sich in der norwegischen Flagge. Indonesien und Monaco haben übrigens die gleiche Flagge. Es gibt sogar noch 27 weitere Kombinationen. Wisst ihr, welche?

Die norwegische Flagge ist an die dänische angelehnt, mit einem weißen Kreuz auf rotem Grund. Über mehrere Jahrhunderte hatte das Land jedoch gar keine eigene Flagge.

Von 1537 bis 1814 gehörte Norwegen zu Dänemark, war dann kurz unabhängig und bildete später eine Union mit Schweden. Zu dieser Zeit bestand die norwegische Flagge aus der schwedischen Flagge, mit der Besonderheit, dass die obere linke Ecke (die sogenannte Gösch) ein weiß-rotes Kreuz hatte.

Ende des 19. Jahrhunderts wurde der norwegische Widerstand gegen die Union mit Schweden so stark, dass das norwegische Parlament eine rein norwegische Flagge erstellte. 1905 war der Wandel vollzogen. Die Union wurde aufgelöst, Staatsflagge, Zoll-, Post- und Kriegsflaggen wurden ausgetauscht. Norwegen besaß fortan seine eigene Flagge.

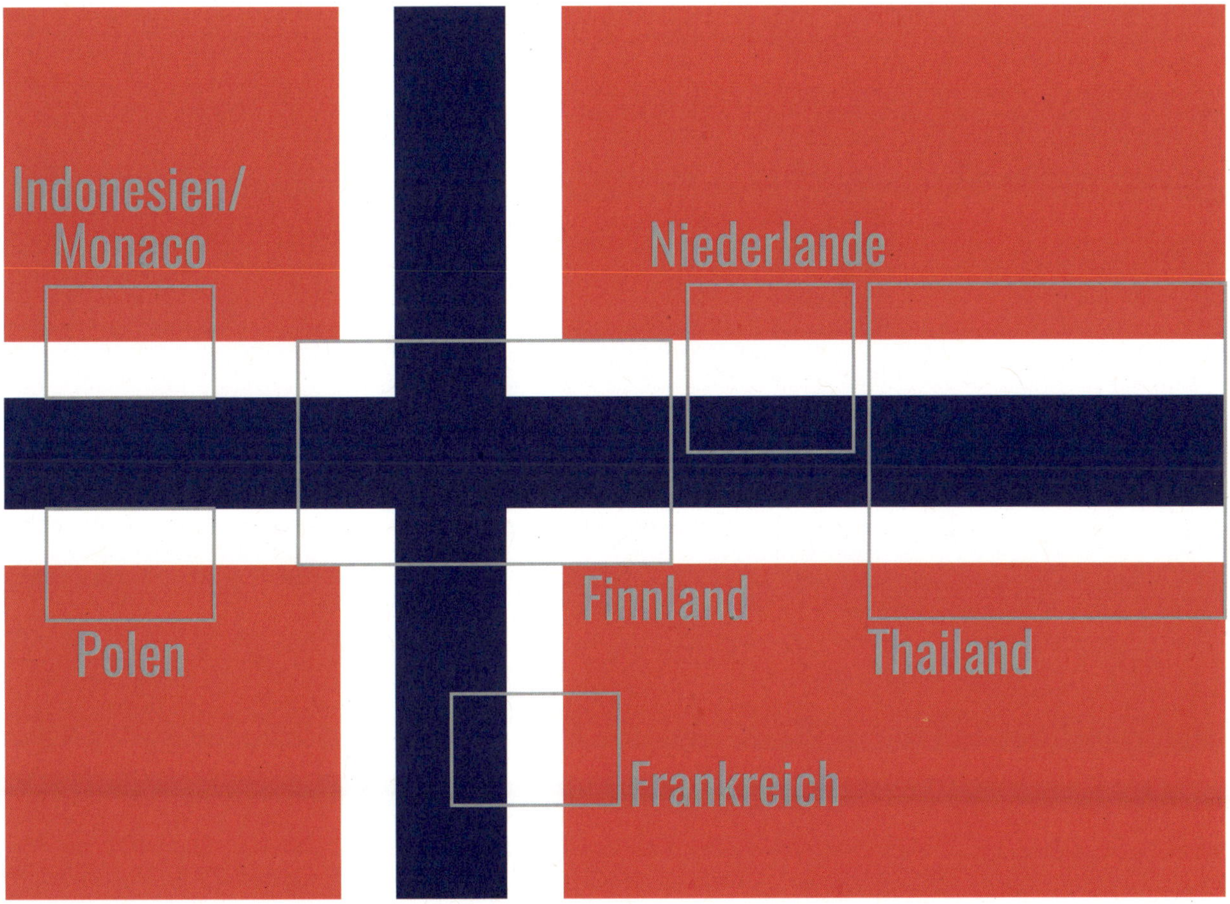
Indonesien/
Monaco
Niederlande
Finnland
Polen
Thailand
Frankreich

SPASS

MIT JAPAN, SCHWEDEN, KUBA

- Pearl Harbor angreifen
- aufgeben

- Geschichten über die Revolution
- Gespräche über die Revolution
- Glaube an die Revolution
- Revolution

- Zlatan
- Ibrahimović

SPASS

MIT KENIA, INDIEN, MECKLENBURG-VORPOMMERN

so, wie Gandhi sich das immer vorgestellt hat

- guter Internetempfang
- schnelle Marathonläufer
- hohes Wirtschaftswachstum
- funktionierende Verwaltung

- viele Arbeitsplätze
- schnelles Internet
- super Handyempfamg
- entspannte Leute

See in Lettland

Flagge Lettlands

Blumen in Polen

Flagge Polens

Mond vor der Sonne
in der Türkei

Flagge der Türkei

Himmel in den USA

Flagge der USA

Die Flaggen der österreichischen Bundesländer

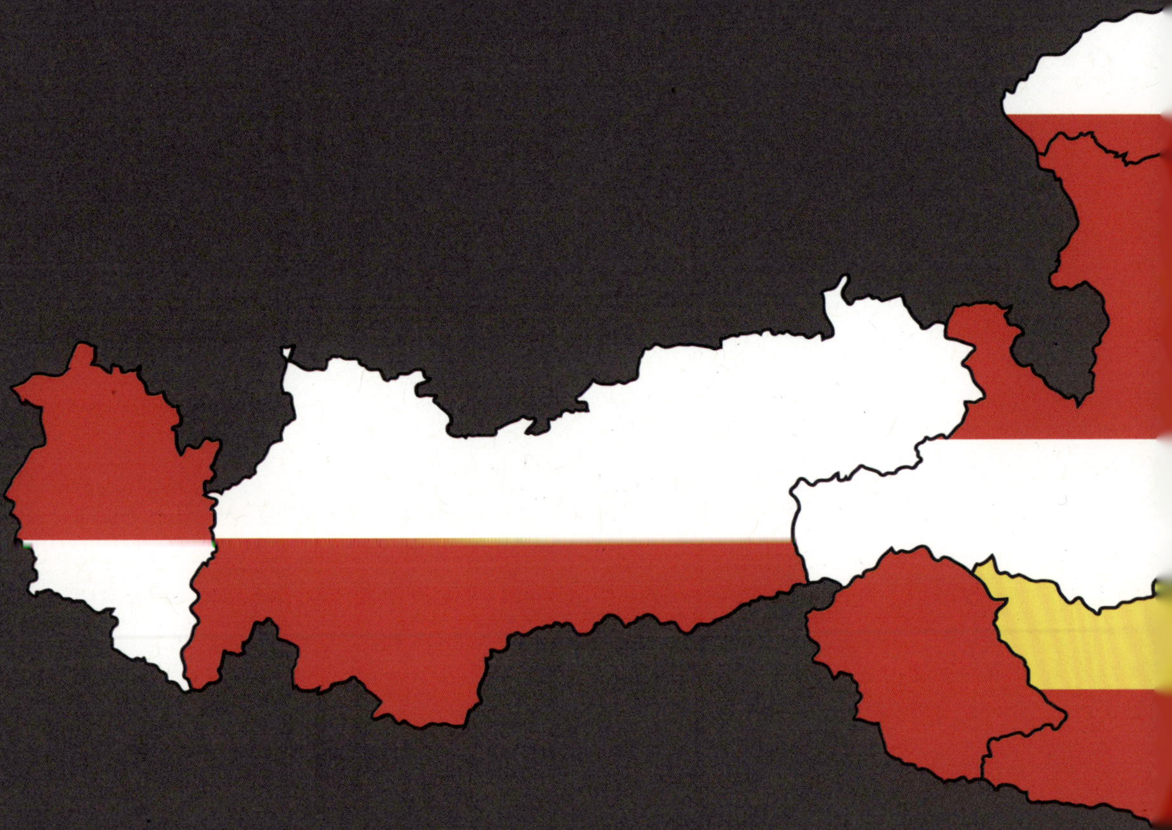

Einfarbige Flaggen

Einfarbige Flaggen haben meistens nur für kurze Zeit überlebt. In Libyen wurde die grüne Flagge 1977 eingeführt, weil der ägyptische Präsident Anwar as-Sadat Israel besuchte. Bis dahin hatten Ägypten und Libyen fast die gleiche Flagge, doch wegen des Besuchs beim »Erzfeind« Israel wollte Libyen sich symbolisch von seinem Nachbarn distanzieren. Diktator Muammar al-Gaddafi führte also eine rein grüne Flagge ein, denn Grün ist die Farbe des Islam. Libyen wurde zu diesem Zeitpunkt der einzige unabhängige Staat mit einer einfarbigen Flagge ohne Symbole. Das Ende der grünen Flagge kam 2011 mit dem Bürgerkrieg. Es gab in der Geschichte sogar rein weiße Flaggen in Frankreich und bei den Taliban. Nachteil: Man kann in einem Krieg nicht mehr signalisieren, dass man aufgeben will.

Abu Dhabi (1899-1901)

Libyen (1977-2011)

Afghanistan (1709-1738, 1880-1901)

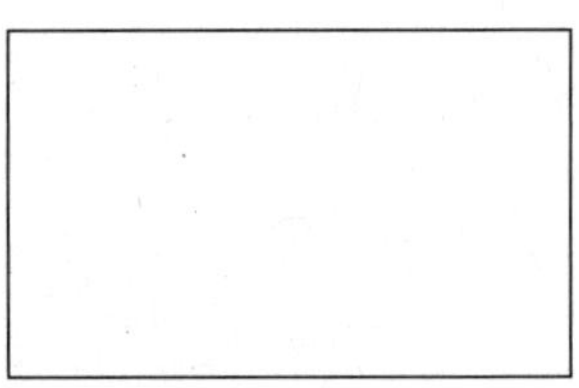

Frankreich (1814-1830)

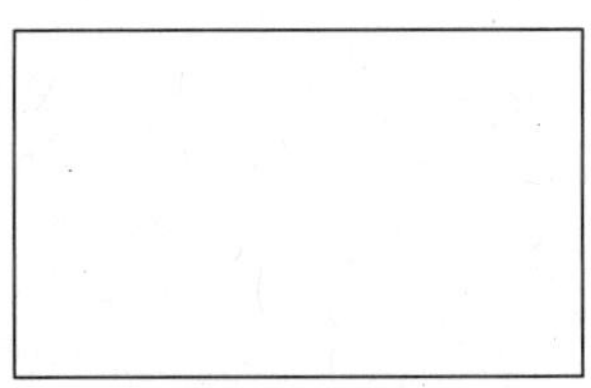

afghanische Taliban (1996-1997)

Maskat & Oman (1650-1970)

Marokko (1656-1915)

Slowakische Räterepublik (1919)

Sansibar (1896-1963)

Katar (18. Jhd.-1860)

Fudschaira (1902-1952)

Malediven (1796-1903)

Hinawi (bis 1820)

Thailand (1680-1855)

Jemen (1918-1923)

Ungarische Räterepublik (1919)

Bahrain (1783-1820)

Eifarbige Flaggen

Maratha (1674-1818)

Brunei (1368-1806)

Assassin' s Creed

Star Trek

Avatar – Herr der Elemente

Star Wars

Die Simpsons

Fallout

Pokémon

Stargate

X-Men

Avatar – Herr der Elemente

Star Wars

Fallout

Fiktive Flaggen

Videospiele, Romane, Filme – Flaggen kommen natürlich auch in fiktionalen Erzählungen vor. Während »X-Men« relativ schlicht bleibt, kann die Videospielreihe »Fallout« mit einem zweiköpfigen Bären auftrumpfen. Die Simpsons-Produzenten haben ihrer fiktiven Stadt eine relativ übliche Flagge gegeben. Warum überhaupt Springfield? Nicht nur die Flagge ist etwas Normales. Auch der Stadtname soll deshalb ausgewählt worden sein, weil er 1989 zu den häufigsten Städtenamen in den USA gehörte. Was ist das eigentlich für ein blaues Ding zwischen der Überschrift und diesem Text? Das ist die Flagge des Nordwasserstammes aus der Serie »Avatar – Herr der Elemente«.

Kreuz des Südens auf Flaggen

Es gibt einige Flaggen, die das Kreuz des Südens zeigen. Das ist ein Sternbild des Südhimmels, das zur Orientierung dient, weil es den Weg nach Süden weist. Allerdings gibt es einen Unterschied auf der brasilianischen Flagge. Das Sternbild ist dort horizontal gespiegelt. Warum ist das so? Im brasilianischen Gesetzbuch steht: »Die Sternbilder, die auf der Nationalflagge erscheinen, entsprechen dem des Himmels über der Stadt Rio de Janeiro um 8:30 Uhr am 15. November 1889 (zwölf siderische Stunden) und müssen so betrachtet werden, wie sie von einem Beobachter gesehen werden, der sich außerhalb der Erdkugel befindet.« Komplizierter geht's ja nicht. Das heißt in Kurz: Brasilianerinnen und Brasilianer nehmen eine andere Perspektive ein und gucken vom anderen Ende des Weltalls auf die Sterne. Oder sie fanden diese Konstellation einfach schöner.

Brasilien

Neuseeland

Australien

Samoa

Papua-Neuguinea

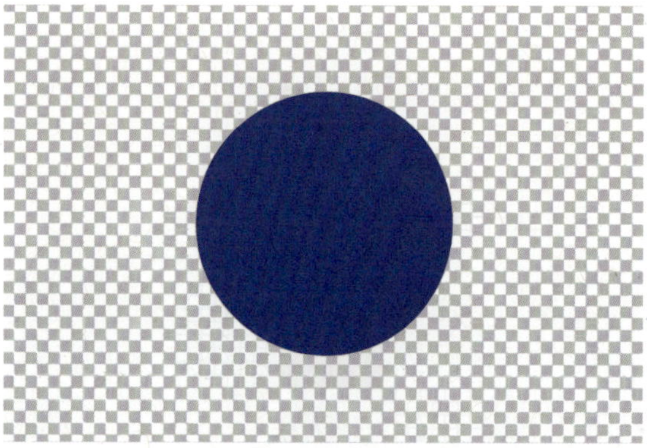

»One World Flag« (transparent)
von Thomas Mandl

»Mankind Flag« von James Hiller

Vereinte Nationen

»International Flag of Planet Earth«
von Oskar Pernefeldt

»Flag of Earth« von James W. Cadle

»Earth Day« von John McConnell

Die Flaggen der Erde

Gibt es eigentlich Flaggen für die gesamte Erde? Ja, aber die wenigsten davon werden auch tatsächlich verwendet. Einige der Vorschläge, wie der von James Hiller, haben eine religiöse Bedeutung. Andere, wie beispielsweise die »One World Flag« von Thomas Mandl, sollen zeigen, dass zwar jede kleine Region eine Flagge erstellen kann, aber die Menschheit nur eine einzige Welt hat. Mit der Weltflagge können sich Erdbewohner und Erdbewohnerinnen auch anstelle der nationalen Flaggen repräsentieren. Die Flagge von Oskar Pernefeldt wurde aus ganz pragmatischen Gründen erstellt. Der Künstler will die Menschheit damit auf zukünftige Weltraummissionen vorbereiten, aber auch die Menschen der Erde daran erinnern, dass wir einen Planeten teilen. Die Menschen sollten, unabhängig von nationalen Grenzen, Rücksicht nehmen – sowohl aufeinander als auch auf den Planeten, auf dem sie leben.

Der Weltflaggenvorschlag »World Flag« wurde 1988 von Paul Carroll erstellt. Die Flagge soll die kulturelle Diversität der Welt darstellen.

Die olympischen Ringe sind wohl die bekanntesten Symbole einer Welt, auf der alle Nationen und Kontinente vereint sein sollen.

Hat deine Flagge eventuell ein Gesicht?

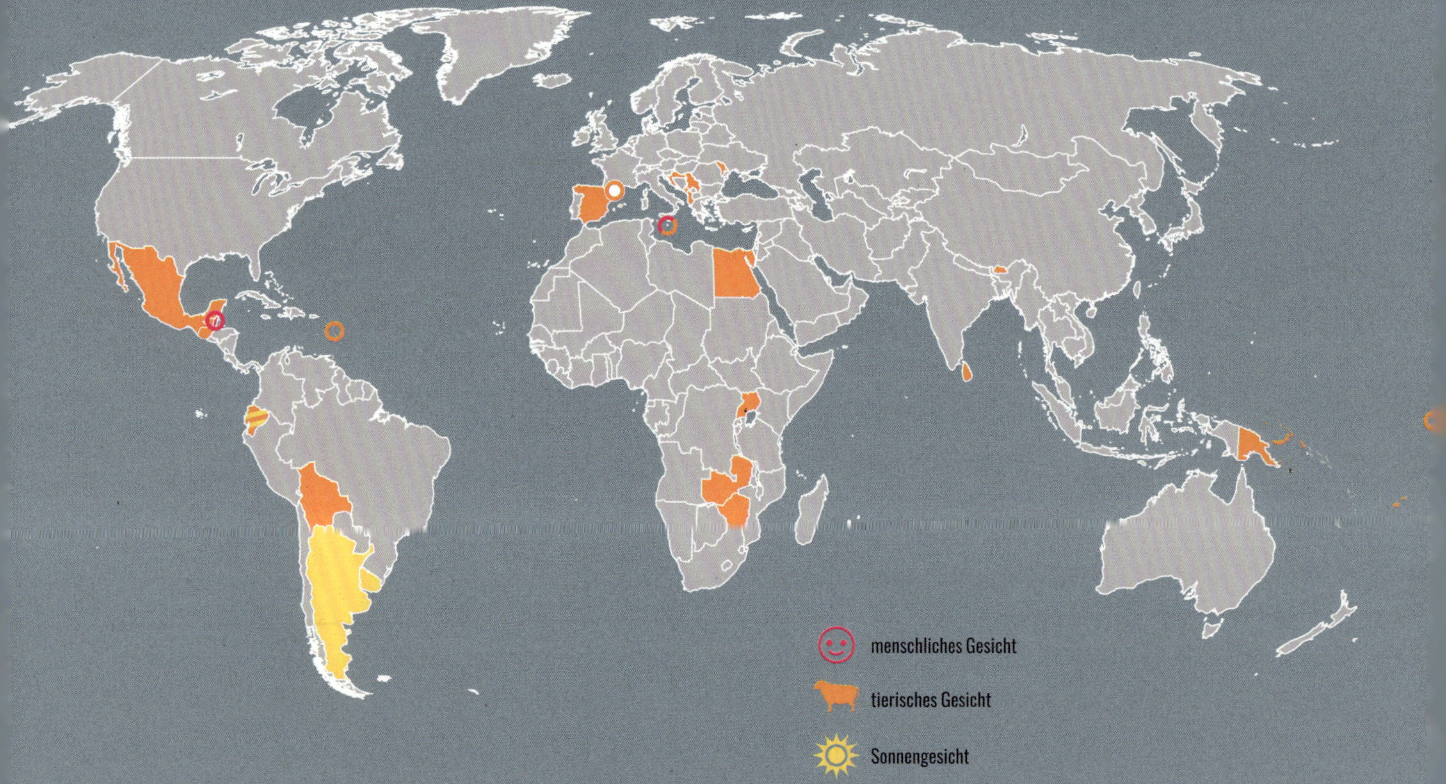

Die beiden einzigen Staaten mit einem Menschengesicht auf der Flagge

Belize

Malta

Provo, Utah (bis 2015)

Round Rock, Texas

Oceanside, Kalifornien

Bienville Parish, Louisiana

Brown County, Nebraska

Pocatello, Idaho (bis 2017)

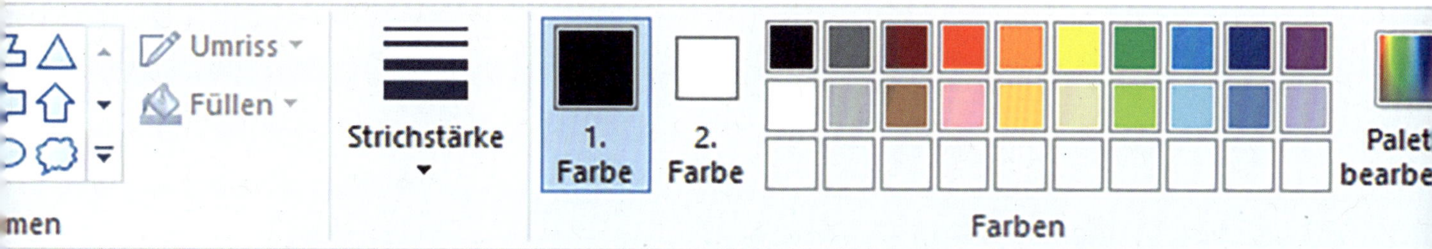

Flaggen, die mit Paint erstellt wurden

Was ist das denn bitteschön da in Louisiana? Wer zur Hölle hat die Flagge für die Gemeinde Bienville erstellt? Der Name steht da ganz groß in der Silhouette, das heißt, also, nicht ganz, die Buchstaben gehen leicht über die Grenze rüber. Wenn das ein Versehen war, ist es megapeinlich, wenn es Absicht war, ist es große Kunst. Ein Hirsch, eine Wassermelone, ein Bohrturm und ein Baum mit unterirdischen Wurzeln. Obendrüber noch der Slogan: »Progressing with Pride«. Wer so eine Flagge macht, muss nicht nur stolz auf seine tolle Melonenstadt sein, sondern durchaus auch selbstüberzeugt. Danke für diese Flagge!

Was malen Kanadierinnen und Kanadier, wenn sie eine Flagge entwerfen sollen?

Die Politik konnte sich in den 60ern nicht einigen, also sollte das Volk selbst ran. Alle Kanadierinnen und Kanadier durften eine neue kanadische Flagge entwerfen. Das kam dabei raus:

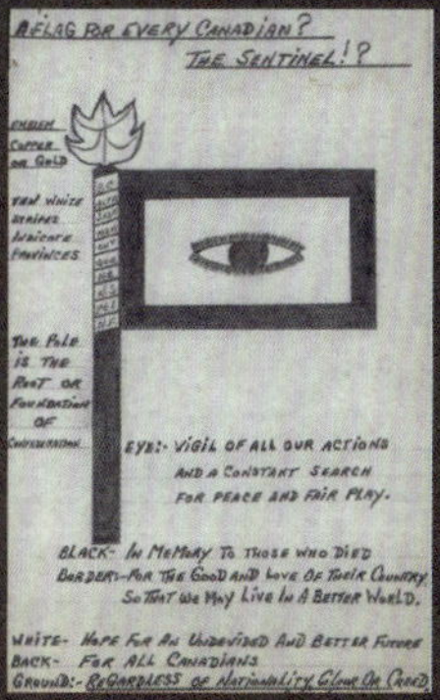
A FLAG FOR EVERY CANADIAN?
THE SENTINEL!?
EMBLEM COPPER OR GOLD
TEN WHITE STRIPES INDICATE PROVINCES
THE POLE IS THE ROOT OR FOUNDATION OF CONFEDERATION
EYE:- VIGIL OF ALL OUR ACTIONS AND A CONSTANT SEARCH FOR PEACE AND FAIR PLAY.
BLACK- IN MEMORY TO THOSE WHO DIED
BORDER- FOR THE GOOD AND LOVE OF THEIR COUNTRY SO THAT WE MAY LIVE IN A BETTER WORLD.
WHITE- HOPE FOR AN UNDIVIDED AND BETTER FUTURE
BACK- FOR ALL CANADIANS
GROUND:- REGARDLESS OF NATIONALITY, COLOUR OR CREED.

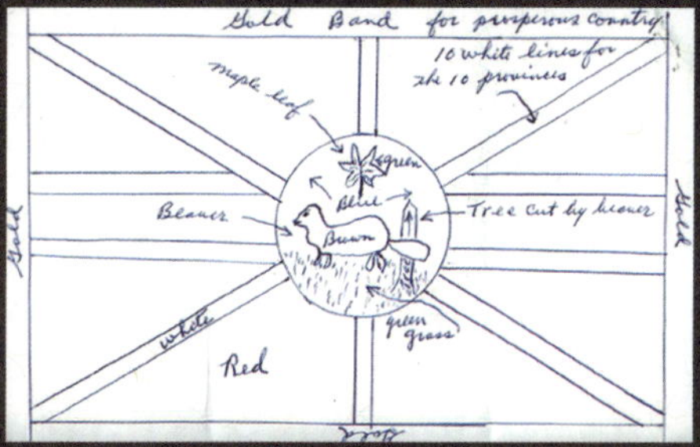
Gold Band for prosperous country
10 white lines for the 10 provinces
maple leaf
green
Blue
Beaver
Brown
Tree cut by beaver
green grass
Gold
white
Red

FIELD
with apologies to the igloos.
M.S

ITS FOR THE BIRDS

Cross of St George in first and senior quarter.

Canada
Canada

Frankenflaggenstreit

Die Region Franken liegt in vier Bundesländern: Bayern, Baden-Württemberg, Hessen und Thüringen. 2006 wurde der erste »Tag der Franken« gefeiert. Einige wollten deshalb ihre Flagge auch an öffentlichen Gebäuden hissen. Der bayerische Landtag lehnte ab, weil es keine offiziellen Staatsflaggen waren. Daraufhin zogen die Fränkinnen und Franken mit ihrem Problem vor den Landtag. Der Verfassungsausschuss entschied 2012: Die Flagge darf gehisst werden, aber nur, wenn sie neben der bayerischen, europäischen und deutschen

Karlsruhe vs. Minister

Ein Bürger beschwerte sich 2018, weil das Badische Landesmuseum in Karlsruhe eine rote Revolutionsflagge gehisst hatte, um auf seine Revolutionsausstellung aufmerksam zu machen. Die Flagge musste eingeholt werden. Unangenehmer Nebeneffekt: Den Leuten fiel auf, dass auch die normale badische Flagge abgehängt werden müsste. Wurde sie dann auch. Erlaubt sind nämlich nur Europa-, Landes- und Bundesflaggen. Ministerpräsident Winfried Kretschmann erteilte aus dem Stuttgarter Staatskanzlei jedoch eine Ausnahmeerlaubnis für das Karlsruher Schloss. Seitdem darf die badische Flagge dort wieder wehen.

Spanien

Frankreich

Großbritannien

»Die Stadt der fünf Flaggen«

Pensacola ist die sogenannte Stadt der fünf Flaggen. Die Stadt wurde über die Jahrhunderte von vielen unterschiedlichen Mächten besetzt: Spanien, Frankreich, Großbritannien, die Konföderierten und die Vereinigten Staaten von Amerika. Heute nutzt der Ort deshalb einfach die Flaggen aller Länder – außer die der Konföderierten. Seit 2015 gibt es dafür die Floridaflagge als Ersatz. Geschichtsvergessen wird in Pensacola wohl keiner sein.

Konföderierte Staaten

Vereinigte Staaten

Florida

SPASS

MIT RUSSLAND

- Alexei Nawalny
- Boris Beresowski
- Alexander Litwinenko
- Anna Politkowskaja
- Sergei Skripal
- Selimchan Changoschwili

- Öl
- Gas
- Kohle
- starke Wirtschaft

- Menschenrechte

SPASS

MIT CHINA

starke Wirtschaft
starke Überwachung
Kommunismus

viele Menschen
Smog

Schina
Kina

Vexillologisch gute Flaggen

Schweden

Südkorea

Vexillologisch schlechte Flaggen

Belize

Turkmenistan

Was macht eine gute Flagge aus?

1. Einfachheit gewinnt!
Die Flagge sollte so einfach sein, dass jedes Kind sie aus dem Gedächtnis zeichnen kann.

2. Ausdrucksvolle Symbolik!
Flaggenzeichnung und Farbgebung sollten mit der angestrebten Symbolik übereinstimmen.

3. Nur zwei bis drei Hauptfarben!
Wählen Sie nicht mehr als drei kontrastreiche und nicht zu ausgefallene Farben.

4. Keine Buchstaben oder Logos!
Vermeiden Sie auf jeden Fall Beschriftungen und die Abbildung von Logos oder Siegeln.

5. Bewusst anders oder bewusst ähnlich!
Kopieren Sie nicht einfach andere Flaggen, wenn Sie Zusammenhänge verdeutlichen möchten, sondern verwenden Sie ähnliche Symbole.

(aus den Regeln der Nordamerikanischen Vereinigung für Vexillologie)

Das Flaggenalphabet

Im Jahr 1817 gab es noch keinen Funk. Wie sollten zu der Zeit also zwei Schiffe miteinander kommunizieren? Die britische Marine schuf dafür ein optisches Alphabet. Fast jeder seiner Buchstaben hat zudem eine ganz konkrete Aussage. Das A bedeutet also, wenn es allein gezeigt wird, dass das betreffende Schiff einen Taucher im Wasser hat.

Das Flaggenalphabet wurde zunächst als Geheimsprache genutzt. Marineschiffe konnten auf diese Weise miteinander kommunizieren, ohne dass der Gegner es verstehen konnte. Damals war es nur Kriegsschiffen erlaubt, die Sprache zu verwenden. Handelsschiffe durften nur lesen – wenn sie denn die Zeichen verstanden. Heute gibt es meistens zwei Flaggenalphabete: eines für das Militär und eines für den Handel, das links dargestellt ist.

Wie läuft das Ganze überhaupt praktisch ab? Die Buchstaben werden nicht alle einzeln gehisst, sondern gleichzeitig. Bis zu vier Buchstaben können in einem Zug angezeigt werden, wobei dann von oben nach unten gelesen wird.

Winkeralphabet		Sprechfunk	Signalflagge	Einflaggensignal
	A	Alpha		Taucher unten / Halte Abstand
	B	Bravo		Gefährliche Ladung
	C	Charlie		Ja
	D	Delta		Abstand halten
	E	Echo		Ändere Kurs nach Steuerbord
	F	Foxtrot		Manövrierunfähig
	G	Golf		Benötige Lotsen
	H	Hotel		Lotse an Bord
	I	India		Ändere Kurs nach Backbord
	J	Juliett		Feuer an Bord
	K	Kilo		Verbindung erwünscht
	L	Lima		Sofort stoppen
	M	Mike		Fahrzeug ist gestoppt

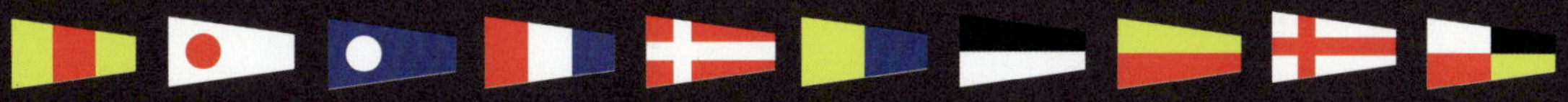

0 1 2 3 4 5 6 7 8 9

Kannst du lesen, welches Wort hier steht?

Und hier?

Winkeralphabet		Sprechfunk	Signalflagge	Einflaggensignal
	N	November		Nein
	O	Oscar		Mann über Bord
	P	Papa		Schiff läuft aus
	Q	Quebec		An Bord alle gesund
	R	Romeo		*Keine Bedeutung mehr*
	S	Sierra		Maschine läuft rückwärts
	T	Tango		Abstand halten, Netze ausgelegt
	U	Uniform		Sie begeben sich in Gefahr
	V	Victor		Ich benötige Hilfe
	W	Whiskey		Ich benötige ärztliche Hilfe
	X	X-ray		Stopp – meine Signale abwarten
	Y	Yankee		Ich treibe vor Anker
	Z	Zulu		Ich benötige Schlepper

Unterbrechung

Zahlen folgen

Buchstaben folgen

Die kleinste Flagge der Welt

Die kleinste Nationalflagge der Welt ist die kanadische. Sie wurde vom Institut für Quantenforschung in Ontario auf 0,697 Quadratmikrometer geschrumpft. Die Flagge wurde durch Oxidation eines nackten Siliziumwafers in einem Rohrofen erzeugt. Wir wissen auch nicht, was das heißt, aber die Forscherinnen und Forscher wollten auf die starke Quanten- und Nanoskalenforschung in Kanada aufmerksam machen. Toll!

Die größte Flagge der Welt

Die größte Flagge der Welt wehte nur für kurze Zeit. Vier Fallschirmspringer entfalteten die Flagge der Vereinigten Arabischen Emirate während eines Sprungs in Dubai und hängten sich unten an die 144 Meter lange Flagge, die insgesamt 4.885 Quadratmeter groß war. Die größte stationäre Flagge ist übrigens auch eine der Vereinigten Arabischen Emirate. Sie misst etwa 2.500 Quadratmeter.

Flagge wie Toyota

Der Sudan war zwar schon 1955 auf der asiatisch-afrikanischen Konferenz namens »Bandnung« vertreten, aber der Staat war zu der Zeit noch gar nicht gegründet und hatte dementsprechend auch keine Flagge. Für die Teilnahme brauchte man aber dringend eine, weshalb man schnell S U D A N auf ein weißes Tuch schrieb und fertig. Am Ende sah es etwas aus wie das Toyota-Logo. Egal, die richtige Flagge in Grün-Rot-Weiß-Schwarz kam dann ein Jahr später an die Öffentlichkeit und alles war gut.

SUDAN

TOYOTA

Die rote Flagge

Die Totenkopfflagge kommt selten in zartem Rosa daher. Weit weg davon war sie aber auch nicht, denn die Piratenflagge war nicht immer schwarz. Viele Seeräuber fuhren unter falscher Flagge an ihre Opfer heran und hissten erst die Piratenflagge, wenn das andere Schiff nicht mehr fliehen konnte. Die ursprüngliche Piratenflagge war im 16. Jahrhundert noch rot. Diese Farbe wurde eigentlich genutzt, um ansteckende Krankheiten an Bord zu signalisieren. Irgendwann aber erkannten die Piraten, dass eine andere Farbe noch viel beängstigender war. Sie sattelten um auf die dunkelste Farbe. Schwarz wurde das neue Rot. Heutige Piraten nutzen oft gar keine explizite Piratenflagge mehr. Was aber immer noch zur Taktik gehört, ist das Annähern unter falscher Flagge.

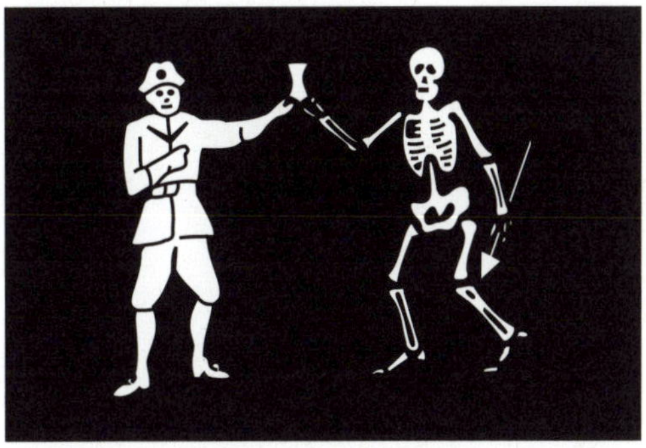

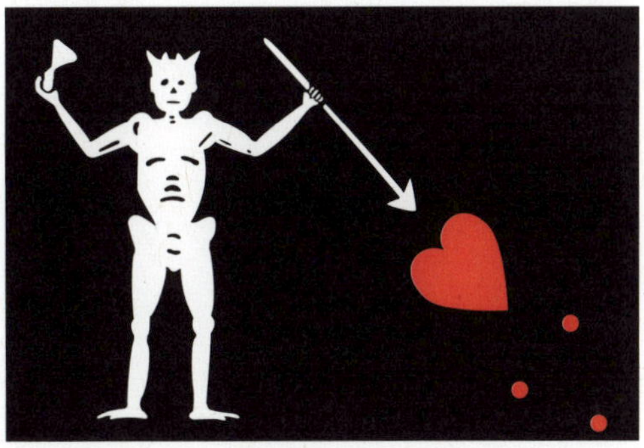

Falsche Flaggen

Auf den ersten Blick schien alles korrekt. Profis aber bemerkten sofort, dass die chinesische Flagge bei den Olympischen Spielen 2016 in Rio de Janeiro falsch war. Die Sterne standen alle aufrecht. Korrekterweise müssten sie sich jedoch alle Richtung großer Stern orientieren. Das Olympiakomitee musste sich bei China entschuldigen.

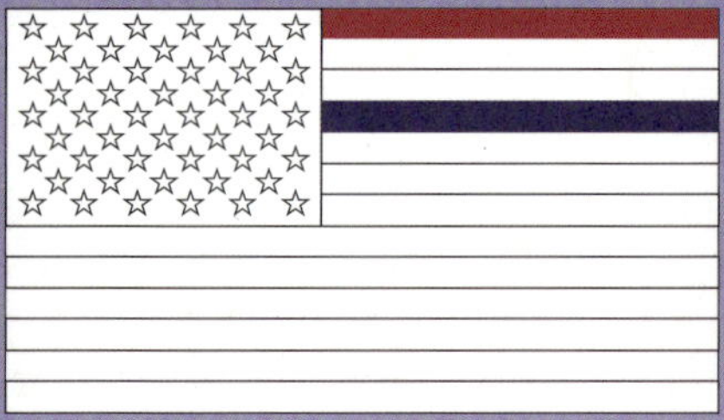

Donald Trump liegt möglicherweise falsch. Bei einem Besuch in einem Kindergarten wird die US-Flagge ausgemalt. Auf dem Bild ist zu erkennen, was Trump bisher ausgemalt hat. Erster Streifen rot, okay. Vierter Streifen blau? Nein! Vielleicht hat es aber auch eines der Kinder gemalt.

Das belgische Königspaar reiste nach Ottawa, um einen Baum zu sehen, den Königin Fabiola in den 70ern dort gepflanzt hatte. Das kanadische Empfangskomitee hatte den Baum vorher natürlich etwas geschmückt, und zwar mit der kanadischen und der deutschen Flagge. Der Fehler wurde leider noch früh genug bemerkt. Deutschland wurde durch Belgien ersetzt. Schade.

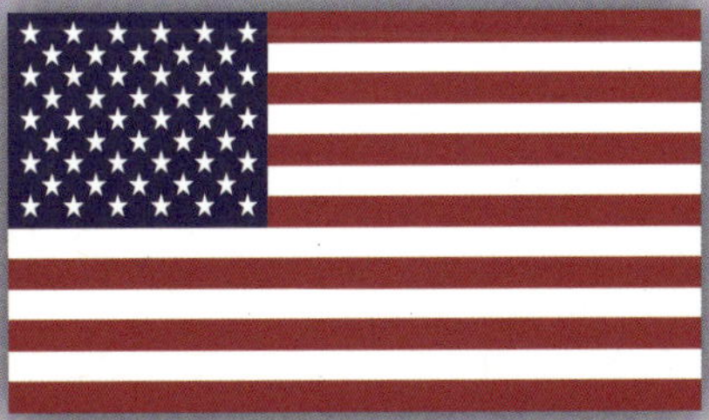

الله اكبر

Gute Flagge, schlechte Flagge

Wir haben einige Flaggen nach den fünf Prinzipien der Nordamerikanischen Vereinigung für Vexillologie angepasst

1. Einfachheit gewinnt
2. Ausdruckvolle Symbolik
3. Nur zwei bis drei Hauptfarben
4. Keine Buchstaben
5. Bewusst anders oder bewusst ähnlich

Nett wäre auch: 6. Kopieren Sie nicht einfach andere Flaggen!

Mazedonienstreit

1992-1995

seit 1995

Eigentlich wollte Mazedonien nach dem Zusammenbruch Jugoslawiens den Stern von Vergina auf seiner Flagge zeigen. Dieses Zeichen wird eigentlich nur von zwei Nationen verwendet: dem heutigen Nordmazedonien und Griechenland. Und das ist auch schon das Problem. Griechenland wollte nicht, dass andere Länder ihn als offizielles Symbol nutzen, und legte deshalb Protest bei der Weltorganisation für geistiges Eigentum ein. Erfolgreich. Mazedonien musste das Symbol ablegen und entschied sich 1995 für eine andere Sonnenform.

Fritz G. A. Kraemer

Das ist die kaiserliche Reichskriegsflagge. Sie galt als Zeichen des wilhelminischen Deutschlands, weshalb die Nazis sie verboten. 1934 fuhr der damals 25-jährige Jurist und Politologe Fritz G. A. Kraemer mit einer solchen Flagge im Italienurlaub in einem Kajak umher. Ein deutscher Soldat sah ihn und forderte die italienische Polizei auf, die verbotene Flagge zu beschlagnahmen. Italien lehnte ab, weshalb das Ganze später vor Gericht geklärt werden sollte. Der Kajakfahrer argumentierte, es sei völkerrechtlich vollkommen legal, in Territorialgewässern seine eigene Flagge an seinem Boot zu führen. Fritz Kraemer gegen das Deutsche Reich. Wer gewann den Fall? Kraemer!

Berge in Russland

Flagge Russlands

Sonne auf den Bahamas

Flagge der Bahamas

Himmel in Deutschland

Flagge Deutschlands

Laubfärbung in Litauen

Flagge Litauens

Ein Land, zwei Flaggen

die niederländische
Flagge zum Vergleich

Was unterscheidet die luxemburgische von der niederländischen Flagge? Lediglich die Farbtöne. Die von Luxemburg ist etwas heller. Für Luxemburg ist das manchmal ein Problem, weshalb der Abgeordnete Michel Wolter einen Gesetzentwurf für eine alternative Flagge einbrachte. Auf dieser sollte der »Roude Léiw«, der rote Löwe, dargestellt werden. 2012 entschied dann der damalige luxemburgische Ministerpräsident, Jean-Claude Juncker, dass die neue Flagge im Inland gleichberechtigt genutzt werden dürfe.

Die »Spalterflagge«

Im Oktober 1959 beschloss die DDR, dass auf ihrer Flagge nicht nur drei Farben zu sehen sein sollten, sondern auch noch Hammer, Zirkel und Ährenkranz. Westdeutschland war empört. Viele Politikerinnen und Politiker nannten die neue Version »Spalterflagge«. Die Verwendung war in der BRD bis 1969 sogar unter Strafe gestellt. Größere Probleme bei der Handhabung gab es im Sport. Die DDR-Springer, aber auch die Sportler aus anderen Sowjetstaaten boykottierten die Vierschanzentournee, weil sie die eigene Flagge nicht nutzen durften. Lösung: Das DDR-Team durfte später mit der Flagge des DDR-Skiclubs antreten.

Flaggen verbrennen

Viele Länder, die das Schänden von Flaggen unter Strafe stellen, kümmern sich in der Praxis trotzdem nicht darum. In Frankreich ist es anders. Im Jahr 2010 schnappte sich ein Algerier aus Wut über den schlechten Bürgerservice der lokalen Verwaltung eine Trikolore und zerstörte sie. Er wurde zu einer Geldstrafe verurteilt – nicht wegen Sachbeschädigung, sondern wegen Beleidigung der Flagge.

In Mexiko ist Flaggenschändung ebenfalls illegal. Der Dichter Sergio Witz veröffentlichte im Jahr 2002 das Gedicht »La patria entre mierda«, also »Das Vaterland inmitten der Scheiße«. Darin gibt es die Passage »Ich trockne den Urin mit der Flagge meines Landes«. Die Bestrafung fiel trotzdem mild aus. Ein Richter verhängte sechs Jahre später eine symbolische Geldstrafe von 50 Pesos – etwa zwei Euro. Witz sagte, die Geldstrafe sei lächerlich, und er weigert sich bis heute, sie zu zahlen.

Die EU-Flagge wird seit 2020 relativ stramm vor Schändung geschützt, jedenfalls in Deutschland. Bis zu drei Jahre Freiheitsstrafe stehen im Gesetz, seitdem Neonazis bei Aufmärschen EU-Flaggen zertrampelt haben. Bei Flaggen anderer Länder stehen bis zu zwei Jahre Freiheitsstrafe als Höchststrafe fest. Das Verbrennen von EU-Flaggen scheitert allerdings sowieso ziemlich häufig, weil das Material oft nicht brennbar ist. Das mussten Britinnen und Briten erkennen, als sie nach der Brexit-Abstimmung verzweifelt versuchten, eine EU-Flagge anzuzünden. Klappte einfach nicht.

Sie wollen eine Flagge schänden?

Hier ist es erlaubt

Hier auch, aber nur die des eigenen Landes

Die EU-Flagge

Wofür stehen hier eigentlich die zwölf goldenen Sterne? Für die ersten Mitgliedstaaten? Nee. Einfach für Solidarität und Harmonie. Die Zwölf soll Vollkommenheit, Vollständigkeit und Einheit symbolisieren. Die Zahl der Sterne ist also unveränderlich. Der Kosovo hat sich übrigens am Design der EU orientiert und auch Sterne auf blauem Grund gewählt. Dort allerdings haben die Sterne eine konkrete Bedeutung. Sie stehen für albanische, bosniakische, goranische, Roma-, serbische und türkische Volksgruppen. Der Kosovo gilt als potenzieller EU-Beitrittskandidat.

Kosovo

Abgelehnte Entwürfe für EU-Flaggen

Der Vorschlag von Duncan Sandys, Schwiegersohn von Winston Churchill, sollte zunächst ein rotes E sein, wurde dann aber 1948 in grün (für Hoffnung auf ein geeintes Europa) umgewandelt. Wurde später »Churchills Unterhose« genannt.

Das rot-gelbe Sonnenkreuz der Paneuropa-Bewegung war relativ beliebt, konnte sich aber aufgrund des Vetos der Türkei nicht durchsetzen. Es war zu christlich.

Vorschlag der nachempfundenen Olympiaringe. Wurde abgelehnt, weil es an eine Telefonwählscheibe erinnerte.

Der Vorschlag mit gelbem Stern verlor, weil er der Flagge des damaligen Staates Belgisch-Kongo relativ ähnlich aussah.

Endlich eine neue Deutschlandflagge!

Laut Grundgesetz ist die deutsche Flagge »schwarz-rot-gold«. Die Form hingegen ist nicht festgelegt, jedenfalls nicht in der Verfassung. Das sind die ersten Entwürfe von KATAPULT-Leserinnen und -Lesern. Ihr habt auch Ideen? Her damit: flaggen@katapult-magazin.de. Wir verlosen zehn Bücher über Bäume.

Mathis Kock

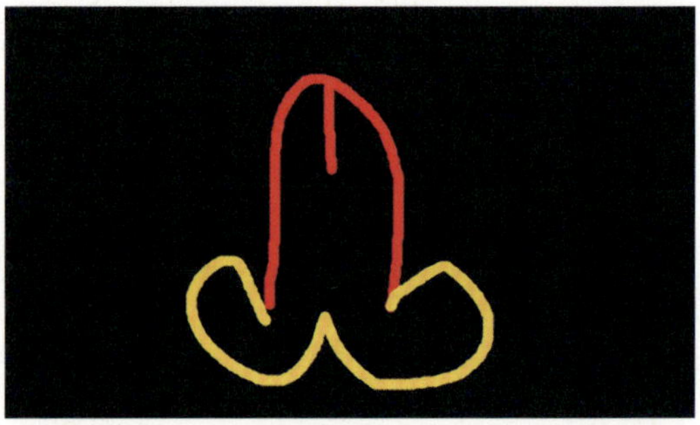

Matthias

petabyte_design

Maximilian

@iemmjott

Jacob Queißner

Michael Jost

Maximilian

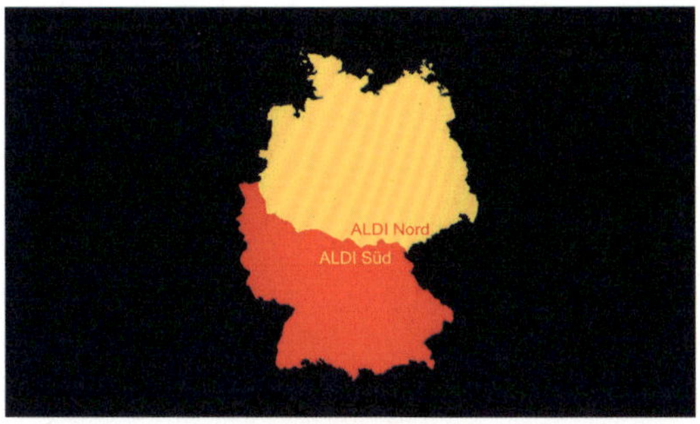

Hans Walther

Dennis Hughes

Rob Kneschke

Mathis Kock

Konstantin Krauz

Cleo

Simon Schoo

Niklas

SPASS

MIT ÖSTERREICH

- Falco
- Mozart
- Ambros
- Gabalier

- Ski fahren
- Wandern
- Grenzen dichtmachen

- Hitler abfeiern
- Wir sind Opfer des 2. Weltkriegs
- Hitler abfeiern

SPASS

MIT DEN USA

- Massaker von Nogeun-ri
- Massaker von My Lai
- Massaker von My Khe
- Abu-Ghuraib-Folterskandal
- Massaker von Haditha
- Massaker von Mahmudiyya
- Waterboarding in Guantánamo
- ...

- Tesla
- Netflix
- Amazon
- Krankenversicherung

- Freiheit
- mehr Freiheit
- noch mehr Freiheit
- Freiheit für andere Länder

Flaggen mit lieben Tieren

Tanganyika (Tansania 1916-1961)

Oblast Ivano-Frankivsk (Ukraine)

Sussex (England)

Yukon (Kanada)

Oregon (USA)

Flagge des frankophonen Kanadas

Gaasterland-Sloten (Niederlande)

Ufa (Russland)

Radischtschew (Russland)

Flaggen mit bösen Tieren

Uri (Schweiz)

Griechisch-orthodoxe Kirche

Flagge von König Gezo (Benin)

Österreichische Flagge mit Wappen

Cantallops (Spanien)

Mecklenburg-Vorpommern mit Wappen

Meise (Belgien)

Aquitanien (Frankreich)

Quellen

Zusammensetzung des britischen Union Jacks S. 8 f.
Groom, Nick: The Union Jack: The Story of the British Flag, London (2007); Idee: Reddit-User u/Aqueries44.

Keine neue Flagge für Neuseeland S. 12 ff.
BBC (Hrg.): New Zealand votes to keep flag in referendum, auf: bbc.com (2016); Jamieson, Alastair: New Zealand Rejects New Flag After $17M Design Contest, Vote, auf: nbcnews.com (2016); The Guardian (Hrg.): New Zealand's new flag: 15 quirky contenders, auf: theguardian.com. (2015).

Schweizerinnen sind auch Waliserinnen S. 16 f.
eigene Recherche.

Flaggen mit einem übelst harten Drachen S. 18 f.
eigene Recherche.

Kanadische Flagge je nach Jahreszeit S. 20 f.
Idee: Reddit-User u/Brock724.

Die Hakenkreuzflagge und Swastika S. 22 f.
Bierbach, Mara; Kaminski, Karsten: Germany's confusing rules on swastikas and Nazi symbols, auf: dw.com (2018).

Box-Kangaroo-Flagge S. 26
Spits, Scott: Olympic team defies Boxing Kangaroo flag ban, auf: smh.com.au (2010); Boxing-Kangaroo-Flagge von Wikipedia-User Yeti Hunter.

Mond auf der Flagge und Flaggen auf dem Mond S. 32 f.
Idee von Reddit-User u/e-mess; eigene Recherche.

Wie sehen eigentlich die Flaggen der Bundesstaaten Liberias aus?! S. 34 f.
Flaggen von Wikipedia-User Fry1989.

Die brutalste Flagge der Welt S. 38 f.
Gezo-Flagge von Wikipedia-User Di (they-them).

Alle Flaggen mit Lila oder Rosa S. 40 f.
Idee: Instagram-User @caribbean.maps.

Die Flagge der Vereinigten Staaten von Amerika S. 44 f.
Idee: Reddit-User u/angryman8000 und Twitter-User @FlagsMashupBot.

Flaggen im Stile Kanadas S. 46 f.
Idee: Reddit-User u/Finlandiaprkl.

Warum haben die Flaggen in diesem Buch oft das gleiche Format? S. 48 f.
Idee: Reddit-User u/fixion_generator.

Spinnrad gegen London S. 50 f.
Brown, Theodore; Fee, Elizabeth: Spinning for India's independence, in: American Journal of Public Health (98), Washington, D.C. (2008); Idee: Reddit-User u/TheTransOtter.

Die argentinische Flagge wird immer vom besten Schulkind getragen S. 54 f.
rivadavia.gob.ar; Idee von Reddit-User u/mcflymikes.

Religiöse Zeichen auf Flaggen S. 56 f.
pewresearch.org.

Die türkische Flagge, wenn man die Mondphasen ernst nehmen würde S. 58 f.
eigene Recherche.

Länder und ihre durchschnittliche Flaggenfarbe S. 60 f.
Idee: Reddit-User u/jestorhastaken.

Name gleich, Flagge anders S. 66 f.
Idee: Reddit-User u/Udzu.

Europäische Länder, die kein Rot in ihrer Flagge haben S. 68 f.
Rowe, Candy, Harris, Julie M., Roberts, S. Craig: Seeing red? Putting sportswear in context, in: Nature (437), London (2005); Idee: Reddit-User u/rebbit_2007; eigene Recherche.

Tiere und Waffen auf Flaggen S. 70 f.
eigene Recherche.

Bewaffnete Tiere auf Flaggen S. 72 f.
gov.lk.

Naziflaggenkunde S. 74 f.
bundestag.de, eigene Recherche.

Wappen der deutschen Bundesländer S. 76 f.
eigene Recherche.

Deutsche Wappen S. 78 f.
Witkowski, Teodolius: Berlin – ein baltischer Name? in: Zeitschrift für vergleichende Sprachforschung auf dem Gebiete der indogermanischen Sprachen (80), Göttingen (1966), S. 262-270; eigene Recherche.

Zypern S. 80 f.
Idee: Reddit-User u/spiscit.

Ursprüngliche und heutige Flaggen der britischen Commonwealth-Staaten S. 84 f.
Idee: nzherald.co.nz; eigene Recherche.

Bärenflaggen S. 90 f.
Kampf, Ray: The Bear Handbook: A Comprehensive Guide for Those Who Are Husky, Hairy and Homosexual, and Those Who Love 'Em, Philadelphia (2000); Sears, James Thomas: Youth, Education, and Sexualities: An International Encyclopedia, Santa Barbara (2000).

Flagge der Stadt Schuja S. 92 f
Deprez, Fabrice: The Stories Behind Some of Russia's Greatest Flags, auf: medium.com (2015).

Rot, Blau, Weiß, Rot S. 94 f.
faz.net.

Finnish und Turkish S. 96 f.
Idee: Reddit-User u/afrofagne.

Fetisch auf Flagge S. 100 f.
Idee: Reddit-User u/NonfunctionalSoy; eigene Recherche.

Die lachende Flagge S. 102 f.
Idee: Reddit-User u/MC_Kloppedie.

Großes Missverständnis S. 108 f.
Deprez, Fabrice: The Stories Behind Some of Russia's Greatest Flags, auf: medium.com (2015).

Falsche Flaggen S. 122 f.
n-tv (Hrg.): Facebook blamiert sich mit Flaggen-Fauxpas, auf: n-tv.de (2016); Augsburger Allgemeine (Hrg.): Falsche Flagge gehisst: François Hollande kann über Fauxpas lachen, auf: augsburger-allgemeine.de (2014); Grüner, Tobias: Model trifft keine Schuld, auf: auto-motor-und-sport.de (2018); Post von Twitter-User @MAS1304 (2020).

Die Flagge Norwegens S. 124 f.
flaginstitute.org.

Einfarbige und eifarbige Flaggen S. 132 f.
eigene Recherche.

Kreuz des Südens auf Flaggen S. 136 f.
Idee: Instagram-User @globalflagclub; cvc.instituto-camoes.pt.

Die Flaggen der Erde S. 138 ff.
eigene Recherche; Paul Carrolls »World Flag« von Wikipedia-User The World Flag.

Hat deine Flagge eventuell ein Gesicht? S. 142 f.
Idee: Reddit-User u/rgry_.

Flaggen, die mit Paint erstellt wurden S. 144 f.
eigene Recherche.

Was malen Kanadierinnen und Kanadier, wenn sie eine Flagge entwerfen sollen? S. 146 f.
library.usask.ca.

Frankenflaggenstreit S. 148
Bayerischer Rundfunk (Hrg.): Der Kampf um den Frankenrechen, auf: br.de (2012); Frankenfahne von Wikipedia-User Thomas Reinel.

Karlsruhe vs. Minister S. 149
Süddeutsche Zeitung (Hrg.): Flaggenstreit: Kretschmann verspricht liberalere Verordnung, auf: sueddeutsche.de (2019).

»Die Stadt der fünf Flaggen« S. 150 f.
Vinson, Joe: 5 things to keep in mind about Pensacola's five flags, auf: studeri.org (2015).

Was macht eine gute Flagge aus? S. 154 f.
Kaye, Ted: Good flag, bad flag: how to design a great flag, North American Vexillological Association, Boston (2006).

Das Flaggenalphabet S. 156 ff.
segelservice.com.

Die kleinste und die größte Flagge der Welt S. 160 f.
guinnessworldrecords.com.

Flagge wie Toyota S. 162 f.
Isnaeni, Hendri F.: Sudan Belum Merdeka, Benderanya Sudah Berkibar di KAA, auf: historia.id (2015).

Die rote Flagge S. 164 f.
Black-Sam-Bellamy-Flagge von Wikipedia-User WarX; Bartholomew-Roberts-Flagge von Wikipedia-User Orem.

Falsche Flaggen S. 166 f.
Gajanan, Mahita: Olympic Officials Apologize to China for Using the Wrong Flag, auf: time.com (2016); RTL (Hrg.): Twitter-User entdecken peinlichen Fauxpas: Donald Trump malt die US-Flagge falsch aus, auf: rtl.de (2018); VRT (Hrg.): Kanada: Deutsche statt belgische Fahne, auf: vrt.be (2018); Der Spiegel (Hrg.): ARD zieht personelle Konsequenzen, auf: spiegel.de (2008).

Mazedonienstreit S. 170
Marshall, Tim: Im Namen der Flagge: Die Macht politischer Symbole, München (2017).

Fritz G. A. Kraemer S. 171
Drucker, Peter: The Man Who Invented Kissinger, London (1994), S. 141–157.

Ein Land, zwei Flaggen S. 174
Luxemburger Wort (Hrg.): Zwei Fahnen für ein Großherzogtum, auf wort.lu (2012).

Die »Spalterflagge« S.175
Treusch, Wolf-Sören: Die Spalterflagge: Eine deutsch-deutsche Politposse mit sportlichem Hintergrund, auf: deutschlandfunkkultur.de (2009).

Flaggen verbrennen S.176 f.
eigene Recherche.

Die EU-Flagge S. 178 f.
Diem, Peter: Die Symbole der Europäischen Union und der Vereinten Nationen, auf: austria-forum.org (1995).

Flaggen mit lieben und bösen Tieren S. 184 f.
eigene Recherche.

KATAPULT, der Buchverlag aus Greifswald

»Spaß mit Flaggen« ist das vierte Buch, das im KATAPULT-Verlag erscheint. Im Jahr 2015 als Magazin gegründet, hat sich KATAPULT schnell zum besten Greifswalder Magazin Europas entwickelt. Die Idee dahinter: Wissenschaft visualisieren und verständlich machen. Die ersten Bücher sind Bestseller geworden. Kein anderes Magazin wächst derzeit so stark wie KATAPULT. Die Grafiken und Texte des Teams um Chefredakteur Benjamin Fredrich erreichen online mehrere Millionen Menschen aller Milieus und Altersklassen. Seit Herbst 2020 gibt KATAPULT auch Bücher im eigenen Verlag heraus, unter anderem »Wie man illegal einen Baum pflanzt«, das Kinderbuch »Die Tiefseetaucherin« und ein Buch über Grenzen.

Dieses Buch haben erstellt: Philipp Bauer, Jeremy Connor, Jonathan Dehn, Benjamin Fredrich, Julius Gabele, Felix Lange, Iris Ott und Jasemin Uysal